催眠自癒力

張嘉珉——著

美好、富足 改變今生的秘密

自修23堂心靈練習課

僅以此書，
獻給我最親愛的家人，
身邊所有的貴人及朋友，
還有我永遠的天使～研翰。

目錄

推薦序1

Vivi是一位美麗、聰慧、熱情、敏銳又很勇敢堅強的人。她是我靈氣和潛意識導引的學生，一路以來看著她成長、蛻變、發光。她也是值得我學習的良師與益友。閱讀她寫的這本書，我覺得非常的棒，很榮幸被邀請能為她寫推薦文。

生命回溯是一趟找回自我的旅程，人的本質原來是一切萬有的一部分，採取了肉身到各個時空探險。人生其實是我們的全我（也就是我們自己）給我們的禮物，一趟數十寒暑的旅遊。每一位來到地球上的人，都經歷多世的課題和學習來體驗生命，在每次的經驗中，我們有過成功、有過失敗，也曾讓某些無法了結的情緒遺留在過去，或是把某個不願面對自己的部分自己封印起來……。而生命回溯能透過導引師的引導，從潛意識清除無始劫來的心靈罣礙，就如一把用愛打造超越時空的鑰匙，讓我們不受頭腦限制，體會愛與寬恕，並喚醒內在深層的無上智慧。我們了解到，分離是一種幻覺，你和我本就相連。我們透過傷害來學習寬恕，透過犧牲來學習自愛，透過內疚來學習自省，透過恐懼來學習愛。

這本書深入淺出的讓讀者了解我們潛意識深處，蘊藏著我們靈魂本就具足的智慧與洞察力。命運掌握在自己，這本書內有很多真實案例，讓我們見證到好多人堅定並勇敢的面對自己生命的課題，並找回自身的力量，我不由得讚嘆並感恩這些美麗的靈魂的示現。

一本好書是有力量的，透過閱讀此書，更了解我們不只是我們人生中的最佳男女主角，我們知道原來自己也是觀眾，也是導演也是編劇，在賣力演出的同時也不需太入戲。當我們從生命中每個事件，學習轉識成智，並願意為自己的生命負責，在每個當下，我們是可以透過選擇，改變創造我們的命運。

目前地球正經歷轉變與重建揚升。祝福大家都能回到愛中，提升我們的振動頻率，找回自己的力量，知道我們就是不生不滅的意識，創造我們地球家園，成為充滿愛的人間天堂。

靈氣人生學苑導師　羅淑薰

推薦序2

感謝 Vivi 老師邀請我，為她的大作寫序文，Vivi 老師在我眼中是天生的薩滿，對於能量的感知力超強，能夠清楚的分辨大自然的能量、神祇的能量以及惡意的能量。在我遇到的修行者裡面，不管是因為神祇的啓靈成為能力者，或是經由學習修行而成為能力者，在得到力量幾年後，都急著建立宗教，追求自身的名利忙得不可開交，早就把修行的初心，遠拋九霄雲外，鮮少人像 Vivi 老師一樣，保持著修行、學習的利人初心，兼顧著人生的真實道場，而且能夠應用科學，研究印證的自修和引導，如此用心而且客觀，難能可貴，可為修行者的表率，當為眾生之師！

很多修行者，參加了某種宗教，就以為自己是在修行，卻把宗教中的前賢聖者，一生的自律利人，用心生活的聖蹟，拿來裝潢外表，拿來指責別人，卻忘了自身的生活真道場，把放棄生活真道場，當成放下一切的成就。而在書中的案例回溯，讓我們偷窺到靈性的本質。如果，左右著一世又一世的命運的走向，潛藏在靈魂深處中的枷鎖未解，則無法定業於善，進而產生一世又一世的流浪生死。帶著枷鎖的人生，一世又一世無法跳脫、靈魂失去自由，始作俑者卻是放不下的自己。

我常說放下的意義，就是接受過往已經發生的一切。在書中案例由Vivi老師的引導下，我們看到「接受」一詞是心靈概念上的理解；而「放下」則是勇敢的實踐者。「放下」當中隱藏著原諒、包容、理解、愛。到底誰是因誰是果，彼此靈魂交會時，撞擊出了各種事件與結果，耐人尋味。看完此書意猶未盡，提醒自己當下的人生，需要埋下寶藏，給未來的靈性當資糧，期待Vivi大師，下一部的大作。

修世禪道境　李一夫

推薦序3

Vivi 老師要出書，身為翹首期盼已久的粉絲，有機會先睹為快，也藉此抒發被每個故事激發並累積出的感動；催眠療癒個案紀錄的形成並不容易，要從潛意識裏面撈出蛛絲馬跡，再整合成完整故事，其中需要的是一系列導引技巧，和更多的耐心，再加上超大量的正向能量和籠罩全身心的安祥氣息，而這正是催眠療癒工作者的日常。Vivi 老師的特質與形象，成功扮演了意識導航員跟陪伴者的角色，也才使這本書得以出版。

前世回溯是催眠療癒中非常引人入勝的主題，催眠療癒工作者陪同個案，常有機會在適當引導之下，讓意識滑入非預期的時空場景，於是展開一幕一幕的人性劇場，書中提到擁有金字塔的王，卻有一般人難以理解的不安全感；宮廷權位爭奪，斬草除根的執念延燒為跨世代的惡訟；無法成全的戀人，雖再度相遇卻重演不婚的慣性…，這些橋段可能會讓您陷入沉思，人似乎總沉溺在自我意識編織的網羅裡，不過本書讀者幸運的是，每一個故事之後會提供化解之道，用種種善巧方便，向自己也向宇宙宣告轉化的決心跟能量啟動，而常常，現實環境也開始微妙的轉變，所以建議讀者，看完回溯故事，感慨之餘，別忘了給自己心靈的療癒。

隨著越來越多修行者將甚深禪定的體驗比賦於量子物理，對世間諸存有，在基本粒子層級被觀察到的行為模式，所做出的描述與詮釋；人們逐步了解到意識界，在極度細微處與環境訊息以及宇宙大資料庫是相互交融的，思想念頭的來處千絲萬縷，在表意識暫時沉睡而潛意識甦醒的狀態下，我們可以用極為直觀的方式，梳理出來龍去脈，以及環環相扣並層次分明的因果關係。「催眠」一詞，常被望文生義地誤會為昏睡，但讀者若體會書中對細節的描述，也許您也會認同，催眠態實則為另一種清明狀態。

看似古老深邃的故事，雖來自遙遠時空，卻也存在你我的身旁，Vivi 老師以其一貫輕柔的方式來表達，如嬝繞的輕煙，乍聞只是一觸，細玩味之後方感受到深層意味，大歷史與小人物的場景，表達了人性底層，對無盡療癒的渴望，以及自身何所從來的終極追尋，請讀者珍惜這些片段，因為別人的療癒，也同樣為您而進行。

中華生命電磁科學學會 秘書長
時空波儀 Time Waver 亞太區技術長
夏君樑

自序
但願每一個來自困境的禮物都能被看見

我成長在一個父母親都非常愛孩子的家庭，也是家中三姊妹的長女，從小別人看待我家，是父母親都是大學畢業的高知識份子，在台灣經濟起飛的1970到1980年代，他們非常努力地在事業上撐起一片天，盡力提供三個孩子最有安全感的環境。

可是我在父母彼此，還有他們與我們孩子的互動中，看到了父母也很迷惘的一個面向，就是心靈的世界。明明很相愛的一家人，卻常常因為不恰當的溝通，或是不擅於表達愛與關心的方式，讓家庭氛圍籠罩在壓力之中。

因為有了這樣的疑惑，我從國小高年級開始，就好奇地觀察周遭人們的各種情緒，了解來自不同家庭的同學，背後有什麼故事，雖然自己也是身處於各種煩惱的青少年時期，我仍嘗試為同學開解憂煩的情緒。

英國商管留學——卻接觸中國易經占卜

高中時，學校特別請來補教界名師，講課精采絕倫，課後則滔滔不絕地分享了他與天主的緣分，最後，老師很虔誠地教導大家如何禱告。當時的我試著每日禱告，為成績訂下一個好名次。在期末大考，還真的考到了許願的名次！這使我見識到心靈的力量，奇蹟雖然發生了，可是年少之時，對許多事都是半途而廢，禱告並沒有堅持下去，僅僅成為青春的回憶。

由淡江大學的產業經濟學系畢業後，我和妹妹負笈英國讀書，留學期間，有位畢業要回台灣的博士生，將一些中文書籍贈送給我們姊妹。其中有一本武陵出版社的「白話本易經」，卻是由日本人「石川雅章」所著。這下子我好奇心大發：「是什麼珍寶讓日本人深入研究至此，然後還翻譯回中文?」按照書中所教，我無可自拔踏入了占卜的世界。

在英國完成了瑟瑞大學（University of Surrey）管理碩士學位，我回到台灣加入家族企業，擔任高階經理人，每天忙於工作、貿易與飛往全球參加商展。可是閒暇之餘，也會參加各類的身心工作坊的活動。其中，最投入的是在「阿南達瑪迦」學習瑜伽、靜坐與靈性哲學。在其中心思想「自我了悟」與「服務社會」的引領之下，完成了瑜伽師資班的資格。但這時候，人生也出現了一個分岔點，我與男友準備結婚，並且搬到美國生活。本來很期待教授瑜伽的理想，只好終止。

結婚後，陸續迎接兩位小生命的誕生，我也由職場退出，轉而在家擔任全職媽媽。

靈性之旅——因孩子的早療而重新啟程

甜蜜的小確幸生活，在大兒子快三歲時被診斷為中度自閉症而劃下句點。從此開始了帶著孩子東奔西跑，去上各種早療課程的繁忙生活。在陪伴孩子的過程中，我發現能量的療癒，可以為大寶起伏不定的情緒帶來極為有效的力量。而且，「依止神諭」的建議及指引，讓我在茫茫的焦慮及恐慌當中，找到方向及力量。因此開始向李一夫師兄學習道家擎天炁功，這是令我啟蒙的能量療癒課程，為的就是能夠隨時隨地成為大寶的療癒師，並且期待自己有一天，能像老師一樣連結浩瀚宇宙中的神祇，為大寶找出他生命的目標與方向。

備註：依止神諭——依賴或依靠經由通靈或各種管道得到神靈的指引。

催眠預視未來——就在眼前成真

在學習炁功之後，接著跟隨恩師羅淑薰老師學習了臼井靈氣、卡魯納靈氣，還有催眠回溯課程。在催眠課程當中，揭開了自己與一些人事物的緣份來由，和解了過去的糾結業力，知曉自己來到世上的目的。當這些深藏在阿賴耶識中的記憶被喚醒，整合與平衡之後，催眠課程也快要來到結束，當時的我，陷入了兩難的考量：「究竟，要不要成為身心靈領域的工作者？還是回到家庭中，將身心靈的學習當作是興趣就可以了？」

而我，在最後的催眠課程當中，看到了兩個場景：第一個，是我在2013年的年底，在一個白板上寫字教學，前方有四、五位學生。而第二個訊息，對後來的人生，也有著重要的意義！

過了幾個月，我應邀到朋友的教室中教授塔羅牌，第一次進她的教室看到牆上的白板，與催眠中看到的尺寸一模一樣。我倒抽了口氣，我知道，自己走向了一個命定的未來。這讓我堅定信心，只要順流喜悅地分享所學即可。而我為自己決定的身心靈工作也就這樣展開。

備註：阿賴耶識——由梵文翻譯而成，又譯為阿梨耶識，也稱為一切種子識。

第二個訊息，則是指引我向美國來台灣的奧秘學校學習！當時進入被催眠的情境中，提出的問題是：「我未來的學習及生涯規劃落在何處？」

所收到的訊息量非常大，包括了：一、清楚形容奧秘學校的規模、任務。二、將會學習到古埃及傳承的知識、方位及療癒。最後，要我在2014年初，注意鳳凰的訊息！

這些被預言的情境，在我接下來的生命中如同奇蹟般地一一被印證及實現。而奧秘學校的學習與工作，也成為我光之工作者生涯中的重點專案。

生命若需指引──催眠是極好的導航系統

有一度，我在許許多多身心靈的學科中，如同劉姥姥進入大觀園，對每個領域都充滿了新鮮感及好奇，也獲得眾多教學的授證。在提供過各種療癒課程的服務之後，我開始思索，哪一種可以同時療癒到個案今生水平軸線的生命網絡（此時此刻的生命），又可以將縱線（時間軸，包括非今生的時間軸）的影響力一併匯入！我發現，探討前世今生與未來的催眠回溯，可以讓個案在療癒課程當中，得到立體的點線面體會！這是非常符合我理想中的療癒方式！

如果說，我們今生投生之前，已經設定了今生想要體會的主題，這個主題就是這齣人生大戲的「劇名」：而累生累世與我們有緣的靈魂家人、靈魂友伴們，就是陪伴演出這一齣人生大戲的各種角色！每一次的轉世，也許我們跟靈魂家人友伴們扮演的互相對應角色會改變，但是，這個角色的安排，以及「被預期的」內心戲呈現，其實是被一股神秘的力量給勾纏，這就是「業力」的力量。

開車時，若有GPS導航的指引，我們就可以在陌生的環境中找到方向，最終到達目的地。綜觀人生之路，若能夠將「天地人」定位，就像是身處在浩瀚宇宙中，連結了人生地圖的GPS。「天」為天道及宇宙，就是所處在這個宇宙中的各種力量及法則，而「地」就是我們身處的環境。至於「人」，就是自己。若能以橫軸及縱軸的全像式理解了生命所為何來，我們未來的方向就能更明確更清晰。

全球災變——迎來心靈加速起飛的時刻

整個地球經歷了一個巨大的災難，就是COVID-19（新冠肺炎）的傳染風暴。這個大規模的災難撼動了這本書的定位，讓我重新思索，它在此刻可貢獻的價值。此時此刻，我們承受著地球暖化，天災人禍接踵而來的挑戰；也許，短時間內，大家的生活及安全感會受到很大的影響。但是，以長遠來看，這一個巨大的改變，是否也能夠撼動舊有的僵固價值觀及社會秩序？而發自心靈及人道的力量，能否在重建時期，成為主導的力量？

我們集體靈魂的學習及成長，也在此時達到一個加速的時刻！以前也許要好幾世的學習才能改變的習性，或是家族中糾葛好幾代的業力，在此時此刻可以加速轉變，除了地球頻率變化，鬆動了我們的生命能量，同時也有了更多的方法可以迅速地平衡過往，向上優化我們的生命。

23個真實案例——解開最痛苦的糾結點

轉世的目的之一，是為了體驗各式各樣的人生經驗。在本書中，我挑選了二十三個面向的人生故事，期待各位讀者，可以在他人的經驗中，共振到自己生命中的某個面向的頻率，再經由他人的經驗，療癒平衡自己。人類有一個很大的特點，也是優點，就是可以經由共感他人的經驗來學習。如果說，我們身而為人，所要經歷的所有角色，所有的經驗有一個「標準值」，有點像大學中「必修學分」的概念，當我們越能在他人的經驗中學習，也同時加速這一世的學習量能。這不僅僅是為了此生的幸福安樂，也為了激發我們靈性發展的進度。

我們都是一體之中的個別意識，人與生俱來的七情六慾、以及貪瞋癡慢疑，沒有人可以完全摒除。只要有物質身體，這些情緒體都伴隨著我們的生物系統而存在。但是，每個人情緒主題的「濃度」不同。在整理撰寫這些生命故事的時候，Vivi 虔誠地許下心願，祈願沈浸在故事中的讀者，能夠經由這些故事，轉化生命中的每個需要療癒的糾結點。當人生中某個創傷或難關，被平衡、轉化的時候，就是允許光與愛在傷口上，開出一朵朵獨一無二的花朵。這個時候，我們已經不再是被緣業和合而成的生命體，而是「創造」本身。

讓每一個困境中的禮物都能夠被看見，是我最大的心願，為了這個願景，我汲汲營營地學習，為個案解開心中的糾結，每當看到個案容光煥發地離開工作室，我就非常感恩自己習得的催眠技巧，為他人的生命帶來轉變及光彩。

在進入我們的前世故事電影院之前，請先保留一些時間給接下來章節。就像使用任何產品之前，先詳閱一下說明書。

雖說，轉世輪迴的觀念在我們的社會中，是一個相當普遍被接受的概念。但是，依照我自己訪談個案的經驗，許多人對於「轉世輪迴」還停留在相當表層的理解。不只如此，還有會因為小說戲劇的時空穿越劇大為盛行，對「前世今生」增添了許許多多浪漫的想像與執著。

所以，這個章節就是想讓讀者們把重點抓回來，深入的瞭解何謂「催眠」？何謂「回溯」？為何看見「前世今生」會產生心靈的轉化，進而影響了之後的人生？

請揭開我為各位設計的使用說明書，歡迎進入潛意識的浩瀚世界！

第一部

催眠其實很科學！深入潛意識的5個解憂關鍵

第一章

催眠使用說明書：在催眠之前，你應該先瞭解的觀念

很多來到我這裡的個案，常常懷著忐忑不安的心情，在我們寒暄諮詢建立信任感之後，個案常常會鼓起勇氣問我：「我等一下會失去意識嗎？」「我會完全睡著嗎？」「你會操控我嗎？」……

寫到這裡，眼前還是浮現了許多個案困惑又可愛的表情，當然，我很樂意為他們解開這個謎團，在這裡，也要分享這些資訊給各位。

其實，催眠一點都不神秘！

催眠是讓腦波放慢腳步，產生回溯

我們大腦腦細胞在活動時，會產生電氣性的振動。而這個振動，經由儀器檢測時，看起來就像是波動，因而我們捕捉了一種大腦活動的可量化型態，就是「腦波」。

就算在睡眠時，大腦依舊會產生腦波。腦波依照其振動頻率，一般分為五大類，包括Beta（β波14-30HZ）、Alpha（α波8-14HZ）、Theta（θ波4-8Hz）及Delta（δ波4Hz以下）和Gamma（γ波30HZ以上）。

而「催眠」就是一種技巧。當我們願意放輕鬆，信任他人且跟著他人語言的引導，我們就可以被催眠。在日常生活的環境中，其實充滿著「催眠」活動，我們卻不自知。譬如一支牙膏的廣告，廣告中，播放著輕鬆有活力的音樂，每個人開始使用某一牌子的牙膏，然後露出美麗的牙齒，還有沈醉在幸福生活中的畫面……。我們一旦認同且接受了這個視覺聽覺的印象，就算還沒有使用過這個牙膏，我們也被植入了這個廣告所要呈現的意象。購物時，可能會在潛意識的影響之下，優先挑選這個品牌。

當然，這種廣告活動的影響強度與我們這裡討論的催眠並不相同。真正在進行催眠回溯的時候，催眠回溯師運用特定的方法，讓個案放慢腦波，漸漸地深入了潛意識的腦波狀態，但卻不至於睡著。在此刻，個案會記起許多回憶，包括今生的回憶，前世的回憶，甚至還有存在於其他次元時的回憶。

我們的物質身體，如同一部精密的電腦，聽覺、視覺、觸覺、味覺、嗅覺還有直覺，就像是電腦的鍵盤、滑鼠、錄影鏡頭還有收音的麥克風等等，是幫我們把外界環境資料輸入並儲存在大腦的記憶中。在此時，輸入的過程並沒有好壞二元之分別，只是單純的輸入。

回溯——深入關鍵記憶，終止慣性的負面思考

而真正造成我們對於環境資料及人物、事件的好惡，則是是我們的「執著」。「執著」又來自於習氣、經驗、甚至遺傳。舉個簡單的例子，如果有一位小朋友吃霜淇淋時，身邊都是「環繞著」疼愛及幸福的氛圍，他長大後，只要一吃到霜淇淋，就會感覺莫名的幸福洋溢。

而另外一位小朋友，則是在某次吃到霜淇淋的時候，被長輩無情的責罵，甚至令他無法好好的吃完霜淇淋。那個事件之後，他也許再也不想吃到霜淇淋。因為吃霜淇淋這件事，已經被他與「被責罵」劃上等號。

雖然只是一個簡單的例子，但是各位讀者可以停下來想一想：我們生命歷程中，

有多少恐懼、失落、還有戒不掉的壞習慣、無法停下來的消極負面思考慣性，就是用這樣的方式，滲入了我們的潛意識中……。而這種影響力，似乎不是我們對自己勸說，就可以輕易地消除。

如同剛才介紹的，催眠可以讓人潛入自己潛意識的大海，回憶起很多表意識似乎遺忘的往事。而「回溯」就是讓個案回憶起這件事的起因，回到當時的情境。如同剛剛吃霜淇淋被責罵的小朋友，當他一旦經由催眠回到幼年的情境，就有了新的機會，重新看待自己的生命經驗。

首先，他可以將「吃霜淇淋」與「被責罵」的情緒分開，接下來，他也許可以解開跟責罵他的長輩的心結（如果有的話）；當然，也許還可以涉及更多的心理層面，在此先不贅述。

生命中的許多難關與不順遂，或是與人的緣分深淺好壞，變化、痛苦、糾結，有時候看起來似乎莫名地找不到原因令人疑惑。此時，我們可以穿越時空的闇門，來到另外一個生命經驗，也就是前世，找出這個事件的起因。

第二章

催眠狀態下
用超然的角度看見塵封的真相

在我們潛意識的深處，蘊藏著靈魂本來就俱足的智慧與洞察力。如果將潛意識比喻作大海，那我們個體意識大海最終所匯集的地方，就是集體的意識。

超然的角度就是說，在催眠的狀態下，用「我」生來就有的、有智慧的神性，看見整個事情的脈絡。「看見脈絡」本身不難，如果有經驗過靜心，在靜心當中，你就會跟你的「神我」——就是本我的神性連結，可能很多生活中發生的疑難雜症，你就能用更周全、圓融的視野來面對，進而找到解決問題的方法。

藉由催眠的方式，我們探索自己記憶深處的秘密，也可以感知他人的情緒及想法。在看過個案各種精彩的前世經歷之後，我覺得最可貴的，並非是天下之大無奇不有，而是在催眠中，個案們所展現出來的愛與智慧，慈悲與同理。

譬如說：一位相當倔強不肯認錯的個案，本來的個性可能常常將所有的過錯都歸咎於他人，當他在催眠狀態中，會客觀地看待整個事件，甚至可以坦承自己的不足之處，並且願意向對方道歉。有時候，我們在第一時間經歷人生情境時，由於事情發生得太匆促，或是情緒過於恐懼緊張，沒辦法看到事情真正的全貌。回溯的功能，可以比喻成重播我們想看的電影，有機會再看一次人生影片，會發現之前忽略的細節，甚至是誤會他人的地方。當我們經由回溯還原事情真相之後，會得到新的觀點和領悟。

催眠中不會失去意識，口齒清晰的發言且留有記憶

被催眠並非失去自己的意識，相反地，被催眠者很清楚自己在說什麼，整個過程都歷歷在目，非常清晰。不同的是，被催眠者發言的立場，並非從他慣用的思維及自我為出發點，而是用一個類似生命的觀察者的角度來出發。因此，個案能夠輕易地放下自我的執著，用更宏觀的觀點還原並敘述這一段生命的經驗。

一旦個案可以自行覺察到這段生命經驗所帶來的深層意義，瞭解他自己應該從這個生命課題中學習的功課，他的自我轉變就開展了。這種轉變非常自然而且影響深刻，往往在催眠之後，個案的個性會自然的變化。而這個變化，是由個案內在的本然智慧

所引導。我有些個案在經歷催眠回溯之後，回去後仍源源不絕地產生新的洞見及體會，原因就在於此。

在集體的意識當中，我們的靈魂意識都是合一的，也都互相有關連，牽一髮動全身。也因此，當一位個案潛意識中的觀點開始轉變，與他一起在人生路上「同台的演員」也會發生微妙的變化。人與人之間的連結，可以用「引力」來形容。我們生命中所發生的事件，都是當下最需要的安排，而這個源自於靈魂的振動，會自然地吸引可以與我們一同完成這個對手戲的「演員」及「劇本」，讓我們可以如實地體會這個主題。

再三出現的糾結困擾，就是逃不開的重大課題

我們生命中可能幾年就會出現一次相似課題的循環，無論是人際關係、命運的高低潮起伏，有時候可能是投資方案，或者是職場的競爭與壓力、感情等等。

有時候，利用切割的方式，例如強迫自己離開一個情境，一家公司或一群人，可以暫時的離開這個主題的考驗。但是如果我們本身的思想、言語、行動沒有改變，過

了一陣子，仍然會再重複經歷類似的情境。

因此，可以如此觀察自己的生命：「若總是在迴圈中打轉，不斷播放類似的劇情；無論是換了環境，換了人際圈，甚至是換了伴侶，也都在經歷相同的困擾？」請重視這個警訊！該是改變自己的時刻到了！

例如，有些人會出現重複的生命經驗，她可能一開始碰到一個很 NICE 的男友，後來卻有家暴發生，即使分手又遇新對象，卻再度發生類似的情況：為什麼彬彬有禮的男朋友，後來都變成會施暴者？原來她在吵架的時候，動不動就挑釁對方、威脅對方「你是個男人就來打我啊！」。表面看起來，施暴者做出錯誤的行為，但這個令女孩陷入暴力關係迴圈的，其實是她自己，一旦她能看出問題的核心，就有機會自省及有意識地調整自己的行為，自然就能跳出暴力關係的循環模式。

但自省與改變行為並不容易，從催眠角度來說，如果能找到最原始的那個「點」，行為就比較容易解套。也就是說，催眠回溯像是回到過去「多彎的一條路」，這條彎路就像加了很多備註的劇情之路，演繹出你在某個時刻做錯了，在那個當下需要做修正，讓被催眠者知道，原來細節要這樣處理。

第三章

失落的前世記憶
你的生命之書都記得

我們不斷投生的目的，是為了靈性的成長。藉由體驗不同人生的經驗，完整了靈性成長與覺醒所需的資糧。在轉世的過程中，我們的行為會產生各種的「業」，業力的存在，是輪迴的基礎。

我們可以將「業」譬喻成為一顆種子，儲存在我們的靈魂資料中，而且會帶著這個資料轉世。一旦在我們轉世的環境中條件俱足，也就是周遭出現了適合這個業力劇本上演的人、事、物。這顆業的種子，就會開始萌芽成長。

我們的意識及潛意識的「環境劇本」，除了由前世帶來，還有今生成長環境所輸入的資料。舉例來說，我們從小到大所看過的戲劇、小說，聽過的神話故事，就是今生環境所輸入的資料。「業」是一種作用力，當我們經驗前世回溯時，集結了前世與今生的劇本，將這個「業力」的型態用今生可以理解的方式，「翻譯」成一段人生情境，讓我們瞭解過去所種下的業力種子是何種樣貌。

雖然，靈魂友伴有時會攜手一起轉世，讓彼此扮演不同的角色，藉以共同成長。但是，配合我們今生「業力」戲劇所共同演出前世戲碼的同伴，不一定是我們前世搭配演出的同一位，也許，他也有著共同的課題，可以一起在這個業力考試中試煉。我們前世的角色，還有對戲的友伴，都是因應我們當時所需要的心靈境界所創造的舞臺及角色。不要太在意劇情，因為每一次催眠出現的情境可能都不同。

比方想釐清跟母親的關係，有可能現在看到一段前世情境，下次問另一件事情的時候，她們兩人又出現在別的時空、別的劇情當中，其實回溯中的劇情只是用我們經驗法則演繹出可以理解的狀態，所以到底我是清朝的公主或是貴族，人物、角色、背景都不重要。

我們可以將焦點，放在自己被人生事件所激起的反應，藉以自省並轉化。理解我們舊有的習性並釋放，或是誠心誠意地對過去行為懺悔，都能讓我們平衡心緒的糾結，邁入下一個靈性成長的階段。

經由催眠回溯，可以重返我們的人生場景。自己用內在感官的運作，猶如看了一場4D電影一樣身歷其境，重新感受到曾經的喜悅、哀傷、幸福與遺憾等種種情緒……。

當揭開這些前世的記憶，我們會恍然大悟，為何總會被一些潛藏的驅動力推著走？究竟我們想要完成什麼心願？彌補什麼遺憾？為何我們看到一些人就心生歡喜？為何我們會有一些天賦的才能？幾乎不學而會？

我們是演員、觀眾，也能成為導演

藉由催眠，重返前世場景，我們既是演員也是觀眾，可以用更成熟客觀的觀點，看向當時的自己與周遭的互動。人生之旅，彷彿行走於茂密之林，我們依路前行卻不知道整體的輪廓。在前世回溯中，我們有機會站在制高點，看到人生完整的樣貌，瞭解自己為何會經歷那樣的人生。如果能夠重來，我們會不會將人生經營的更加圓滿？這樣的轉念非常有力量，也帶動了「自我了悟」與「自我療癒」，同時，也療癒了目前人生中遇到的困頓與難關。

我們的「過去」，成就了現在的我，而我們的「現在」，影響了我們的「未來」。如同一個無限循環的符號∞，我們的此時此刻，就位於兩個圓圈的中間點。改變，其實可以雙向的影響過去跟未來，啟蒙前世，卻不執迷於前世，可以讓自我的轉化更輕盈，更放鬆。

成為自己人生的導演不是夢想，各位讀者可以依照書中的練習，讓自己更有力量！

第四章

自我療癒 進化為敏銳的觀察者

淺談如何成為敏銳的觀察者

「認識你自己（KnowThyself）」，Vivi一直很喜歡一篇關於療癒的文章，來自於約書亞的靈訊，裡面提到療癒的過程（註1）。所有的療癒都是自我療癒，這個過程，讓我們重新連結了光與愛，然後讓轉變在我們的內在發生。那些無力、沮喪、憤怒與仇恨的發生，都是因為我們失去了與愛的連結。而這份「愛」，是我們源源不絕的內在神聖自性。

我們可能擁有很多種層次，很多元人際關係的連結，並嘗試著想要透過些連結找到我們「值得被愛」、「值得被支援」、「值得被包容接納」的感覺，因而證明我們值得這份美好。我們誤解了愛的來源是別人，因而產生了各種負面的情緒，那是因為別人沒有滿足我們的期待，而在那一刻，我們失去的，是與自己的連結……。事實上，外在的證明，是我們內心的鏡像。有個教導如此說過：「神為了定義祂自己是誰，因而創造了宇宙，觀察宇宙的演化因而知道祂自己。」

我們終其一生，都是一個「Know Thyself」（知曉你自己）的進展。這是句刻在希臘【德爾菲神殿 Temple of Delphi】三角楣上面的銘文。如果我們細心觀察，會發現每個人都在有覺察或無意識地實踐這個過程。無論與神接近或分離，這個過程永不停歇。

註解1：請參考「靈性鍊金術」之「治療者路上的幾個陷阱」。

自我療癒的過程

我們的心理狀態有幾個階段：第一，很多人都生而有「一切都是別人的錯」的受害者情節；到第二階段自我療癒開始時才意識到：「好像我自己也有錯」，因為療癒一段時間後，我們的內心就有站起來的力量；到了第三階段「成為創造者」，就成為掌握自己命運的時刻。

處在第一階段「受害者情結」的時候，我們很難將心比心的考慮別人的立場，只執著於用一個觀點跟一個立場。而在開展出自我療癒能力的過程中，對於觀察別人跟觀察自己愈來愈敏銳，可以看出其中的細節。當我們進化成敏銳觀察者，看一件事情可以有很多面的觀點，也能稱為「覺醒」。

認識別人的最好方式，就是先認識自己

你在他人身上看到的，無論你給予的評價是好或壞，其實都是鏡射自己內心在乎的部分。別人的命運，隨順他自己的軌跡流轉，他人的心性是因，行為是果。正如抬頭見到繁星的光芒，其實是星星幾千萬光年之前的世界，我們看不到此刻星光的真實，不需要過度分析別人的行為，因為我們會來不及追趕別人心理的變化，越看越迷惘。

我們越能深入對自我內在的理解，接納自己的各種層面，面對別人時，就能產生近乎療癒的品質。當我們沈靜下來，與別人待在同一個空間之內，我們不需知曉他的所有過去千百輪迴，我們不需探測他目前生活的難題，不需要起心動念一定要為他人、

為自己做些什麼，當下的流動自然就會有答案。

我們能做到的，就是認識自己。一旦能寬容自己接納自己，理解到他人與我並無分別，對於他人的寬容與接納，就會自然地開展。將聚焦於他人的眼光拿回，看看自己，當矛盾的觀點消失，自己的糾結也就同步地化解了。由於深刻的了解自己，我將這種敏銳發揮在我的工作當中。當個案在諮詢或被催眠的過程中，產生一個微妙的眼神或語氣變化之時，我就可以從那個糾結點，順利拉開亂如麻的毛線團故事線頭，然後將這些雜亂情緒的毛線重新整理好，重新織就一件新衣裳。

正因為我們與別人並沒有分別，我們經歷了一個又一個的輪迴，其實都是想要體會「我們究竟是誰？」的過程。無論是我們的愛人或是仇敵，都是來讓我們更瞭解自己的情緒深度可以到達的境界！時間空間，都是搭建心靈舞臺的鋼架，我們的心靈覺受，完全可以超越時間空間以外獨立存在。

第五章

23個冥想練習與心靈轉化技巧
共感造就豐富的今生

人類是很特別的生物，我們可以藉由共感別人的經驗而學習。這聽起來很抽象嗎？一點也不！想想，我們從小到大，聽過了多少童話故事、神話故事，欣賞了無數的戲劇電影……當我們專心沈醉在這些劇情的大海中，我們不也同步經歷了劇中人物的人生，經由這個過程而學習到更多的情緒經驗呢？

當本書進入描述催眠的過程時，我就會改為以第一人稱的方式來鋪陳這個故事。希望讀者在閱讀前世今生故事時，將自己的身心放輕鬆，跟隨著書中主角的喜怒哀樂、愛恨情仇去體會這個故事帶給我們的心靈變化及啟發。

冥想時請放下執著，接受超展開旅程

再次強調，無論我們在前世催眠中，看到任何人、事、物，都不要過度執著，包括你在其中的身分。在浩瀚的宇宙中有緣相遇的人，加上周遭環境提供的舞臺及劇本，建構了我們可以演繹自身命運的小宇宙。有了這個舞臺，我們得以在立體的情境中體會生命的點滴滋味，展現自我潛力，知道我們是誰，並且經由我們的小宇宙，連結廣大的宇宙。

靈魂累世所加總的意識種子，可說是不計其數！我們在累世的人生中，困頓於某些觀念或情節，生命能量也就卡住了。這一層層的「糾結」彷彿洋蔥，包裹著我們的靈魂，而催眠就像剝洋蔥一樣，將一個層面的糾結解開了，也許會有另外一種前世風景在等著。仔細思考，就算是親如家人，在從小到大的互動中，是否也會發現家人還有我們自身不斷在改變，甚至個性、想法都會變化？

當所有糾結層層剝完之後，我們剩下什麼？生命的本質像是奔流的河水，不斷的向前，也沒有一刻重複。我們被父母創造出來，然後歷經生、老、病、死再消失，靈魂卻因為這一生的體驗而成長改變，然後帶著這些經驗，走向下一個旅程。這是一個很美的過程，也是宇宙給予我們的禮物。

放輕鬆學習，不要過度勉強自己

每個人也許都經歷了成千上萬的轉世。在漫長的一生當中我們又種下了多少的糾結的種子，也可稱為「因果業力」的種子。因此不用太急於一次解決所有的問題，而是放輕鬆的深入學習。

請不用過度強迫自己，企圖短時間之內去做到多少轉變，應當輕鬆看待，接納自己不夠美好的地方，培養更多慈愛、正直，寬容的心情與自己相處。

接下來，我們也能夠諒解別人的不完美，以及心有餘而力不足的苦惱。

每一個人都是宇宙的學生，宇宙給了我們無盡的輪迴次數，還有地球這個可愛的舞臺，當然，請別忘了還有身邊所有來陪伴演出這齣人生大戲的各種人物。條件完備，我們才能夠在此生中，藉由交會時的火花，更加了解自己。一旦我們開始捨棄二元對立、非黑即白的觀點，就能夠培養更多內心的力量，內在能量用於建設自己的幸福，並且推己及人，協助其他人。

大部分的人，都是從自己生命中的苦澀與疑惑中出發，進而找到力量的所在，從一個被命運影響的生命體，找到天賦與力量，成為命運的主宰者。每一世的經歷，像是一本書或影集，被放進了阿卡莎紀錄圖書館之中。也許，有一天，讀者們看著浩瀚廣闊，無邊無際的阿卡莎紀錄圖書館，會突然地領悟，流轉於各種人生的體驗固然有趣，也許我們的生命層次不止於此？

這個答案，Vivi 就在此留給聰慧的讀者們，慢慢地探索其中的奧秘吧！

第二部

前世今生 23個獲得解放的真實案例＋冥想練習

本書所有個案名字都是匿名，背景資料也被微調過。雖然如此，我仍然徵得了個案們的同意，依照他們的前世經歷原型來書寫，每一個經歷都彌足珍貴。

案例最後，會搭配一個冥想或自我啟發探索的技巧。這樣設計的目的，是為了深有同感的讀者，如果在某些故事中，彷彿看到自己的身影，或是勾起了你某些強烈的情緒，就可以依照書中的QR CODE，找到我為大家錄下的冥想帶領，在家練習如何運用本書提供的方法，解開情緒上的糾結與疑惑。

讀者若是重複聆聽同一個冥想引導時，卻進入不同的劇情，這時候，請順流而走，不用執著於以前出現過的情境。也許這是我們潛意識的能量已經發生轉變，所以潛意識資料庫帶來更新的材料，讓我們繼續探索發掘生命中更多的面向。

提供各種在家運用的小魔法+語音導引

在書中每一則真實故事的後面，我加上了讀者可以在家自行練習的心靈大補帖。這些練習技巧都很淺顯易懂，所搭配的工具也很容易取得。人人都會有盲點，也常認為自己很難改變，或是不想改變。其實，只要深入觀察我們日常中思想、言語及行為的慣性模式，會發現改變的契機，就藏在這些細節當中！

在這些練習當中，讀者可以上網收聽我所錄製的冥想引導，深入潛意識的大海探索，也可以分析、接納自己的獨特個性，更可以施展日常小魔法，為自己設定成功豐盛的寶座！當然，最重要的，當我們常懷感激及祝福，就會發現自己的幸福！

建立邁向幸福人生的習慣，需要持之以恆的練習。本書中所設計的心靈大補帖符合現代人忙碌的生活型態，不需要很多時間就能完成每天的練習。祝福讀者們可以從這些心靈技巧中獲益，如果有機會，也可以分享這些方法給朋友。大家可以試試看，看哪一種心靈轉化技巧比較適合你。

第六章

新娘的詛咒

結婚後再無親密關係，娶我是愛我還是折磨？

小妤是位非常可愛，充滿青春氣息的女孩子，如果沒說，還真不覺得她已婚。雖說先生各項條件都好，雙方家世也門當戶對，但她卻很難為情地告訴我，早婚對她其實不太合適，婚姻也正處於一個為難的狀況。

出生南部望族的小妤，自小就享受父母的百般寵愛，以及家族在生活各方面提供支援與關心，雖早早步入婚姻，先生與她的外貌身家也十分匹配，小妤截至目前的人生看似十分順遂，婚姻也是甜蜜戀愛之後步入禮堂，小妤和先生之間卻發生了難以向外人啟齒的困境，雖然連父母親都希望她能繼續容忍這段婚姻，但不願就此妥協的她，仍渴望探究原因，揭開那團迷霧。

原生家庭似乎不是影響婚姻的主要因素，我開始為小妤安排催眠回溯，當她開啟前世的回憶之後，第一眼所見的，是自己穿著的那一身美麗的紅禮服。她驚訝地表示，這款式與她今世婚禮上的其中一件禮服極為相似。

而她這世的婚姻，好像就從這件紅禮服開始，繼續了前世未完的緣份……

小妤的回溯經歷

我早已不是開車新手，卻連停個車，也要將步驟拆解說給自己聽，越來越討厭這樣不斷喃喃自語的自己，想到等一下要跟律師討論離婚協議，覺得麻煩的心情讓我用力深呼吸了幾次。

律師仔細解說條文，以及各種可能的狀況，我卻看著他臉上的鬍青分了神。想起即將成為前夫的他，也留著這種鬍型，交往時我十分享受那鬍渣與雙唇在身上遊走的怦然，如今這樣親密的時光早已消失，我只能獨自抱著人稱「男朋友手臂」的抱枕度過夜晚。

我沒有不愛他，他也沒有欺騙我感情，他不是同志，這也不是一場政治婚姻。出席各個社交場合時我們雙手緊握，在幸福表情下，是那隱藏於心中讓人鬱悶且難以啓齒的祕密。曾經親密的互動，卻從婚禮那天開始變調，他抗拒性行為，我們徒有眾人稱羨的夫妻臉，卻冷冷淡淡不再做愛，讓婚姻一天一天走向了終點。

說真的，如果現實中可以跟他順利溝通，我也不會像現在這樣，冷眼看著雙方律師對談，談得好像是別人的婚姻，一切都到了最後，自己卻還是想要做些什麼。

聽說可以透過催眠，跟先生在潛意識裡對話，我想試試，我想知道答案！

透過引導，竟然看到自己穿著跟這世幾乎一樣的大紅禮服，紅燭火光照亮囍房，紅巾蓋頭還沒掀起，丈夫立即用冰冷利劍刺進了我的胸口，我驚恐萬分帶著困惑死去。

到底什麼深仇大恨，讓他殺了剛進門的媳婦？老師引導我再往前回溯，才發現這一切都是我種的因。我在還沒過門前，就將身體給了情人，在還沒弄清自己愛誰的時候，就死於丈夫的忌妒怒火。前世怒殺我的丈夫，就是今生與我結婚之後，無法再有親密關係的老公。

命運讓我們再度相遇，是要我用守活寡來償還前世孽債？還是再續彼此未完之緣？這因果是要給此生的我什麼功課？而那情人又在哪裡？

老師問我：「如果可以重來一次，你會怎麼處理前世這樣的情況呢？」

就這樣，帶著理解與寬容，我再次回到前世，回到他親手殺我的前一刻。

我直接跪下說：「今晚，就休了我吧！」丈夫微微一愣，趁情緒緩下時我向他懇求。我說，為了顧及兩個家族的顏面，您先娶小妾，再賜我休書，就讓我用這方法彌補吧，您盡情地去做想要做的事情，一大家子上上下下要操持煩心的事，以及那些繁文縟節，讓我一個人擔著就行了。

我倆就這樣相安無事度日，直到小妾進門，我將持家之道傳給妾室，換得一紙休書，讓我在一個溫暖的晴天，安靜離去。一日，我在人潮擁擠的市集中，看到了我的情人。他模樣未變，只是消瘦了不少。我內心激動地慢慢走到攤前，指著一盒胭脂水粉，是我最喜愛的顏色，輕聲問：「老闆，請問這盒胭脂怎麼賣？」只見他聽我聲音後停頓了一下，沒抬起頭，手微顫地將胭脂遞了過來，說：「這胭脂不賣，可否用妳後半生來換？」

他為了打聽我的近況，選擇在我住處附近的市集擺攤。市鎮裡沒有秘密，聽聞我被休出門的他，在市集裡等待，等著有天能夠再度相見。重逢後，我們仍舊開著小舖做點生意，雖不富貴，但卻安穩地度過一生。

我慢慢醒過來，臉上還有點淚，心中有惆悵、有溫暖、有明白，明白今天的遭遇是與前世的相聚。或許是先生的靈魂想要彌補，所以今生對我不錯，但現在我只想鬆開彼此的手，堅定地走在自己的路上，各自走往更好的未來。

過去的冷淡迴避已不復見，現在，我們總算可以理性地對談，我以截然不同的心情看這熟悉的臉，腦海浮現的是離婚後的某日我們愉快地一起用餐，他嘴角帶著久違的微笑，我祝福自己和他，都能找到此生更適合自己的伴侶。

ViVi老師的催眠觀點 跨越時空的認錯，化解戴綠帽之恨

我們常說「善緣」或是「孽緣」，來界定身邊的人際關係，對自己的益處或是傷害。但各位讀者有沒有發現？無論說到哪一種緣份，命運之手會在緣份發生的時候，降低大腦的理智運作，偷偷迷惑了雙眼，讓我們不知不覺依循著一種莫名的推進力，前進到一個為我們量身定做的人生劇場當中，開啟生命的試煉。

輪迴與轉世，可以看作是一種宇宙的慈悲。讓我們可以在一次又一次不同的人生角色當中練習。在這個過程中，藉以淬煉自己的智慧，累積自己的修煉。當終有一天，能夠看清這一切是舞台劇的幻象時，心態就能轉為快樂又不執著地，認真投入這一場輪迴遊戲。此時，我們對於自己今生的角色及際遇，就會升起無比的熱情，珍惜自己的生命，也珍惜每一個與我們相遇的人。

文章中的小妤，與前夫的相遇及婚姻，是受到雙方親友大力贊成的。兩人合襯的外型及家世，任誰都覺得他們是天造地設的一對。但是他們結婚後，竟然連最基本的親密關係都有障礙，兩位大好年華二十多歲的年輕人，難道要困在奇怪的婚姻關係中？催眠為小妤解答了迷惑。

我們常常認為，時間是一條長河，是單向流動的「時間軸」。事實上，我們身處於平行時空當中，我們的過去與未來，還有各個轉世中的我們，都與「此時此刻」相連。雖然是回到「前世的記憶」去瞭解生命中的關卡，但能為自己做的其實還有更多。只要現在起心動念，願意用不同的觀點及做法，為回放的人生加入更多的愛與智慧，所有累世的劇情，包括今生的劇情，會開始不可思議的轉變。

課題：從困境迴圈中走出

每個世界上的人，都要面對一個非常重要的功課，就是我們的「人際關係」。無論喜歡與否，人際關係縱橫交織出來的大網，都讓我們身在其中無法逃脫。既然無法逃脫，那不如直接面對。而首先需要面對的，通常是令我們不舒服不愉快的關係，尤其是伴侶關係。

我不想要傳達「宿命論」的觀點。的確，在我工作經驗和研究當中，看到許多人生命中很多奇特的遭遇，有些甚至是非常苦痛或是莫名其妙的遭遇，其實背後都有特別的前因，只是我們轉世時，換了人生劇本，也一併淡化了記憶。宿命論者只會消極的被動接受一切的發生，卻不想改變。但是，完全認同一份僵化的人生劇本，相信一切都是宿命的安排，會限制了我們生而為人的潛力，甚至成為「不想為人生努力」的藉口。

有時候，我們會用不適當的方式解決人生問題，因而耗盡心力，感覺問題也沒有改善很多。甚至求助於許多宗教或各種信仰體系的身心靈老師，期待藉由更大的力量幫助自己走出困局。

其實，轉變自己命運的最大關鍵，就是「自己的心」與破除「慣性思維和做法」。「自己的心」就是自由意志，主宰著我們面對問題的態度。而破除「慣性思維和做法」的優點，就是打破命運中不斷重複發生的迴圈型態，眾人都以為命運之手由宇宙中更高、更宏大的力量所主導，殊不知命運之手的主人是你自己！各位可以運用這個觀念，加上經常冥想練習，就可以看到生命中困頓局面的一些改變！

「和解關係」的冥想練習

首先，請在一個安靜的環境下，放鬆地坐著或是躺著。可以蓋上小棉被以防著涼，也可以為自己點上一個小蠟燭，薰香或放一首輕柔的音樂，來陪伴自己的冥想過程。

室內的燈光請勿太亮，必要的時候，可以跟家人或同住者先知會一聲，以防他們在過程中打擾。手機請記得關靜音，如果怕自己忘記這個引導過程的步驟，可以先錄下這些引導詞，或上網收聽 Vivi 為大家錄製的語音引導。冥想前請勿吃太飽或是太累，可以避免過於放鬆而睡著。如果在過程中被打斷，或是不小心睡著，請勿掛心。再找一個安靜的時間，重新聆聽一次冥想引導即可。冥想能力是一種可以鍛鍊的能力，像是我們可以鍛鍊肌肉一樣，若讀者在聆聽冥想引導的時候，無法開展超感官能力連結內在的心靈世界，只要多練習即可。

先決定好你想要和解的伴侶關係。在準備好的空間躺下或坐好之後，請先放輕鬆調息，做三個深深的大呼吸。吸氣的時候，想像溫暖光明的能量，經由吸氣進入自己的身體。吐氣的時候，請想像自己身上的疲累、擔憂、沮喪失落等等能量都被吐氣帶走。在三個大呼吸之後，將注意力放到頭頂。

接下來，想像有一股清涼潔淨的水流，由我們的頭頂緩緩地流動下來，這個水流經過頭頂、臉、頸部和肩膀、流經軀幹及雙手，再流過大腿、膝蓋、小腿及腳踝，經由腳趾頭流出去。水流經過的時候，我們感到每一吋皮膚，甚至每個細胞都因此而放輕鬆了。我們很舒適地待在此時此刻，不想再有任何移動，並且保持放鬆的深呼吸。

接下來，想像前方有個美麗的森林步道，我們開始往前走，在這個過程中，觀察有哪些花與樹、或是風景令你印象深刻？如果你在旅途中遇到其他人，他是誰呢？記下這些答案，如果記下答案的時候打斷了你的內在視覺之旅，就不要刻意去記憶，優先專注在你的內在心靈世界。

接著你會來到一個美麗的大房間，選擇一個舒適的地方坐下，在這房間裡，你看到一部電視螢幕及一個影音播放器，你到電視旁，看到一張錄影ＣＤ，裡面是你與這位伴侶最不開心的一段回憶，將此錄影ＣＤ放入影音播放器，像個旁觀者一樣的看著這段回憶在電視中播放著。如果情緒激動，請調整呼吸，並請記住，你是安全的、被保護的，你只是一位旁觀者。觀看的時候，也請保持客觀的心情，不要在回憶中批評與論斷自己或伴侶。

看完之後，請走出戶外，你會看到一個美麗的湖，請一邊走向湖岸，一邊撿起地上第一顆石頭，石頭上寫了幾個字。這顆石頭上是你在此段伴侶關係中，所面臨的第一個困難。記下這個關鍵字，並且拿著這顆石頭繼續向前走。接下來，再一次撿起第二顆石頭，這上面寫著你的第二個困難。記下關鍵字並拿著石頭，往前繼續走，並撿起第三顆石頭。

此時，你已經抵達了湖面，這是一個非常寧靜神秘的大湖，湖面上平靜如鏡，湖水閃耀著寶石般的藍綠色。你將三顆石頭丟入水中，並且希望這些困難都可以被清澈的湖水淨化。當你感覺心情很平靜之後，轉頭走回剛剛的大房間，回程同樣的撿回三顆石頭，石頭上依舊有寫著字，但這次，這三顆石頭上寫著是，你想為這段伴侶關係帶來的美好特質。

回到美麗的大房間之後，你再次播放錄影帶，並以客觀的心情再次觀看這段回憶。有沒有看出不一樣的情節？還是情節相同，但是你感受到自己的情緒有了轉變？

無論發生什麼轉變，我還是請你保持客觀輕鬆的心情。先不要急著下結論，結論會使我們的觀察停在一個凝滯的時空點。當你的心情準備好的時候，我要帶領你回到此時此刻此地。現在，我從十倒數到一，你會完完全全的回來……十、九、八、七……三、二、一！

第7章

無故的分手

”沒有任何理由卻強硬分手，誰能給我一個解答？

樸素的裝扮和清秀的臉蛋，第一眼看到曉諭，就能看出她是一位非常認真生活的女孩，剛從新加坡回來的她，正歷經著突如其來、沒有理由的分手情傷，每天深陷在痛苦情緒中的她，問我能知道這一切的來龍去脈嗎？於是，我們開始催眠回溯的過程。

曉諭的回溯經歷

如果沒有你，我將會是多麼地平庸。

二十歲那年，帶著向銀行申請的青年海外生活體驗貸款，不會英文也不會開車，沒什麼錢的我隻身前往澳洲，踏出機場深吸一口氣，空氣很乾淨、天空很藍，充滿英文字的城市很陌生，但這一切在我想要出人頭地的堅強信念下都不是問題。

到了農場的我整天把自己包得緊實，長時間忍著身體痠疼，蹲低彎腰以不符合人體工學的姿勢進行採收，而在農場與加工廠來回穿梭的你，說著流利英文，英挺的面貌跟身材讓我無法不注意，後來才知道這整個管理流程都是你替農場主人設計的，我因此更在意你了！

父親在我很小就過世，媽媽經營麵攤獨力養大我們幾個小孩。以前天天煮的麵條看了就倒胃，卻成為我在異鄉的思念，沒想到更成就一段異國戀情的機緣。

每天規律的農場生活，在你來宿舍吃我煮麵的那晚後，有了不同；儘管彼此白天因工作筋疲力盡，那床單依然每晚都留下我們悸動的痕跡。往後的日子樣樣都是你替我張羅，帶我闖入大賣場，在特價零碼的花車中尋找合穿的衣物，申辦手機最划算的資費，規劃我們假日的旅遊。我自以為的堅強與能幹，在你面前成了全然的依賴，而你想念的新加坡菜餚，我卻笨拙地怎麼也煮不出你描述的味道。

澳洲日記終有寫完的一天，打工結束前半年，我們反覆練習著分離，聊遠距離戀愛的各種可能，但到了那天彼此在機場還是擁著、哭著、滿臉涕淚。我在台灣工作存了一些錢，就急著飛去新加坡找你，短暫的一周，你哪裡也沒有帶我去，每天都說工作忙碌早出晚歸。我被你藏在家中不敢出門，在澳洲那時的闖勁，沒你帶頭也什麼都沒了，每晚躺在整齊鋪平的床上，彼此絲毫不動，冷靜地像是深怕將床面壓出一絲痕跡。身著西裝穿梭新加坡總部的你有點沉重陰鬱，不似當初烈日下，在農場與加工廠來回蹦跳的青年，相同的麵條也勾起不了你一絲絲的濃情記憶，你不停說：「沒事。」成為所有問題的回答。

回台灣剛下飛機，打開網路就收到你提分手的 email，當下哭得再醜也沒人在乎，

第二部

我努力尋找自以為還留有的能幹與堅強，但這些年在你的呵護之下早已蕩然無存，我連一點驕傲的本領都沒了。「沒事」不是我要的答案，我想知道你心裡到底還有沒有我，彼此未來還有沒有可能。透過催眠回溯，我想在缺乏日常感的臺北，再次觀看當年在澳洲的青春美好。

在催眠回溯中，我看見自己衣衫襤褸的出現在民國初年烽火連天的上海街頭。我先聽見自己叫賣的聲音，「號外！號外！先生買報嗎？」髒兮兮的少女沿街叫賣報紙，報上的字一個也不認得，卻自以為唸著本日標題；自從爺爺奶奶走了之後，賣報紙成為我唯一的賴以為生的工作，穿過洋行走過大街，買菸的比買報的多，穿過布莊走過戲院，瞧我的比看報的多，早上饅頭還夠我撐著走到女子中學，我想，也許他們比較願意買我手中陌生的新聞字體與標語吧。

身形挺拔的教官朝我走來，我以為他要驅趕我，沒想到他從此每天跟我買報紙，直到半年後，我在他爆筋的臂膀下震動才偷窺到，所有的報紙都扔在一角從來沒有翻開過，唯一翻開的是我的心與我的人，我成為教官宿舍裡的隱形人，是他上床才會抱著的娃娃。

除了在教官家中打理三餐之外，生活樣樣都是教官為我張羅，教官教我在他認得的大字中，尋找我可能常用的字，平日他上班時，我在家中忙著剪裁布莊剩料，複製成女校制服的樣貌，假日我就穿著制服，讓教官帶著我到大街認識全新的中國，我任意著佈置我們的家，最後才發現，這不是他的家，只是教官宿舍。

娃娃感恩教官將她從街上拎回床上，娃娃想著會不會有一天教官會從床上抱著我到家中呢？直到那天教官回來告訴娃娃，他要結婚了，對象是女子學校門當戶對的女老師，不是每天陪著他數饅頭的娃娃，也不是每晚聽他高談闊論國家大事的娃娃，任憑這娃娃穿著再怎麼像女子中學的人，但脫下衣服，我就是一個賣報女。

最終我還是回到大街上賣報，教官宿舍裡的大小事卻再也輪不到我插手了，報上的字體我終於認得了，強烈的孤獨感卻始終縈繞心頭，每日茫然地在街頭遊走，直到一枚空襲炸彈，帶走我不想繼續下去的人生。

老師的聲音在大爆炸之後的寂靜中，聽來格外溫暖，也將我的一縷遊魂由民國初年帶回現在。老師問我，你現在對他還想說什麼呢？我忽然發現，在心痛與遺憾之外，我的心中，還有一個角落盛滿了對你的感謝。我還是感謝生命裡一再出現的你，在我青春日記裡逍遙揮灑一筆，在你最帥氣最有衝勁時，灌溉這黃毛丫頭，帶著我看一眼你的天空、在你的世界裡載我奔馳一程。

催眠醒來後，我終於能從澳洲的戀愛故事中走了出來，如今終於能帶著自己的能幹與堅強，和你教會我的勇氣與眼界，繼續往前行。

ViVi老師的—催眠觀點—重逢的意義是提醒成長

人與人的相遇，像是兩顆行星的相遇。原本，個人來自不同的生命軌道，在生命軌道交會的時候，被寫入對方的生活中，然後，又被生命軌道帶著離開。

曉諭來到我工作室的時候，整個人被情傷推入了生命的谷底。她所疑惑不解的，是新加坡男友在澳洲與新加坡的時候，對待她的方式判若兩人！並且，她也沒有得到對方一個真正分手的理由。因此，她想藉由催眠找到真正的答案。

潛意識總是會帶給我們意想不到的答案！在前世，孤苦零丁在大街上獨立討生活的孤女，因為一段相遇，徹底的改變了人生。在前世，她知道教官最後的答案，最後，孑然一身的回到當初流浪的大街上。

在催眠回溯中，曉諭流淚不止的進行了整個過程，我引導她做了心靈對話，藉由前世經驗，她似乎也明白，今生對方的心路歷程，以及堅持分手的隱藏版答案，是「要與門當戶對的女老師結婚」有關。前世在戰火中的上海，她最終沒有運用學會認字的優勢去經營更好的人生，（那個時代，有機會讀書認字的人很少，1949年的文盲比例是全中國人口的80%），而放任自己猶如一朵失根的花，在烽火上海街頭茫然的流浪，最後死於敵軍的空襲。

在催眠的心靈對話中，她漸漸放下失落，打開了視野，明白對方為她帶來的禮物，是在陌生的澳洲，教會她生活及語言，並且陪伴一段在異鄉的寂寞歲月。而現在，她再也不是茫然的孤女，澳洲的生活經驗以及語言的優勢，可以為她在職場上加分不少！

由催眠回溯中甦醒，我看到她哭腫眼皮下的雙眸閃著微光，清明且燦爛，對於生活的動力也開始重新甦醒！

課題：鬆開雙手真正放下一段感情

兩個人的伴侶關係當中，其實有三個人（呵呵～～）請不要被我的這種說法嚇到了，其實這三個人指的是，我、對方、還有我們兩個創造出來的「關係」。為何要把「關係」比喻成為「人」？

第一，這份關係是流動的，可能今天吵架，明天又和好、今天感情甜蜜準備結婚，過兩天卻因為一場意外過世，這份「關係」隨時在改變。

第二，「關係」有自己的人格，並非單方的意願，就可以全局主控關係的發展，經營一份圓滿的伴侶關係，需要兩方的意願及投入，但是除了這些因素之外，「關係」還受到外在環境世事變化的影響。這也就是我們常說「緣分」無需強求，也不可強求。兩人之間的「關係」有他自己的命運，也會歷經出生與死亡。

因此，一份關係走到盡頭，原因會有千百種，但是，關係中的單方或是雙方常會有一些慣性依賴，可能想要緊抓不放，總想要「改變些什麼」就可以讓關係恢復往日的美好。其實，若能夠改變觀點，輕輕地放手，讓我們創造出來的關係依照自然的規律走入終點，雙方才有空間及時間調整自己。將來也許還有機會再次創造一份連結，到時候，就是你們雙方共同創造一個新的「關係」，重新注入你們的愛與能量。讓愛流動，關係才能生生不息。

因此，我要介紹一個儀式，祝福已經終結、或快要終結的關係，讓兩人可以自然脫離連結，順利走向未來！

「好好分手」的祝福儀式

首先，請先買一束玫瑰花，紅色粉紅色都可以。再買一個小蠟燭，請記得準備燭台或是底座，這是為了點燃蠟燭時的安全。拿出你們曾經很有紀念價值的信物。再準備一個比信物大的盒子或是紙袋。

準備一個無人打擾的空間，最好有兩個椅子還有一個小桌，將信物，玫瑰花還有蠟燭放在桌上。將玫瑰花插好，點上蠟燭，周遭的燈光調暗。

坐在其中一個位子上，將心情調整到你在咖啡廳等著伴侶前來赴約。當你準備好之後，感覺你的伴侶坐在另外一個位置上。你看著他的方向，現在心裡最想說什麼？

接下來，你的伴侶說了一些話，或是有一些情緒，請問你感覺他在說什麼？接下來，你看著你們的信物，這信物對你的意義是什麼？你可以對伴侶說出這個信物對你的意義。接下來，如果你願意的話，可以開始感謝伴侶，以及回憶過往的美好時光。如果可以說出來，會比在心中默想更好，語言是很有力量的表達工具。

接下來，把信物裝進盒子或是袋子。感謝它曾經帶來的美好。再次看向伴侶的方向，跟他好好的說再見。等到你也感覺到他的回應，你就可以吹熄蠟燭，將周遭的燈打開，將信物收好。這個儀式至此完成。

第8章

踏不上紅毯的感情

”執子之手二十年，你為何不肯給一紙婚約？

王霞是位中年貴婦，她與男友兩人感情甚篤，歷經二十年仍依舊如初，不僅擁有自己的事業資產，經常與各界名人交流，更嚐遍各地美食和享受旅遊體驗，在熟識朋友眼中，沒有子嗣牽掛的她，活得豐盛且自在。

這樣一位常人眼中的好命女子，與我坐在原木家具環繞的空間中，卻緩緩道出埋在心中數十年，總是不期然浮上心頭濃重的遺憾。

自二十多年前，在她與男友初相遇後，因那股深深撼動心靈的相互吸引，在親友

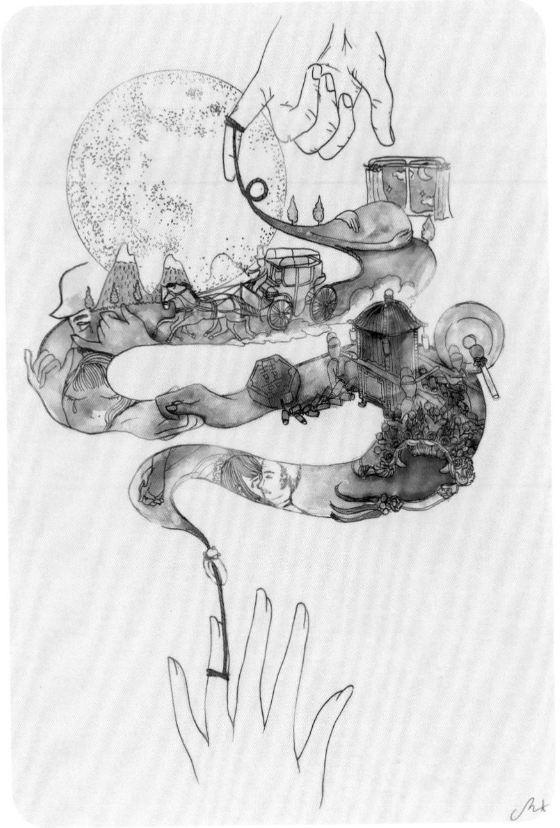

震驚下，王霞決然結束了與前夫本已枯萎的婚姻關係，轉而陪伴現任男友一同回到台灣生活。

歲月如光飛逝，他們的感情在時間裡滌煉出醇厚與甘甜滋味，是人人稱羨的神仙眷侶，但在如此美好生活的背後，雙方並沒有正式法定婚姻契約的王霞仍流露出些許惆悵，「我從來沒懷疑過他對我的愛，他曾說過，他所有的一切都是我的。但是，為何就不肯給我一個婚姻？」喃喃話語既是疑惑，也是她在心底終日不斷深根糾結的自我疑問。

經過充分溝通，在互相信任的氛圍中，我導引著她潛入意識的大海，推開記憶大門，觀看著自己前世的記憶，在既是演員也是觀眾的身分中，回到了太平盛世的唐朝，一間備受寵愛的閨女房中。

王霞的回溯經歷

我看見自己，正反覆地問著鏡中自己：「我是誰？我真心想要嫁誰？」

我是王霞，正如偶人般任人穿戴上華貴衣飾點上胭脂，依著在朝廷身居高位的父親意思出嫁。茫然地掀起蓋頭一角看向娘家，這時卻看見「他」遠遠地跟著花轎隊伍後面。

他，正是我今生相守二十年的愛侶。

他，卻不是我前世即將拜堂成親的丈夫。

想起我們第一次相遇時，當時我從外頭回來，不知父親正設宴款待賓客，與父親年紀相仿的叔伯們對唐突出現的我沒有責備，只是稱讚了幾句我的花容月貌，父親笑著命我回自己的小樓。在賓客中，我與「他」彼此相望，雖是第一次相見卻毫不陌生，那微妙的熟悉感將我的心給震撼了，這時他人的讚美都不再具任何意思。我所不知道的是那時的「他」也和我一樣，雖然初相識卻有一種非常熟悉的感覺。

在武皇則天治理的太平盛世裡，女子各個活潑熱情大膽，愛風月也愛讀書。與父親意氣相投的他日後常到家中走動，因欣賞其文采，父親常讓他來指導並尋書給我讀。漸漸地這二十歲的距離不再是距離，才氣高前途好的他向父親提了親。父親不肯，誰會想將自己的掌上明珠許給同年好友當小妾？為了這樁婚事，鬧到地方元老都出面相勸，大半輩子的兄弟情誼也蕩然無存。

對我來說是妻是妾一點也不重要，但終究還是讓父母逼著嫁給了朝廷大臣之子，雙方家長都很滿意這般門當戶對。我就這麼穿上一身青綠嫁衣，讓喜娘扶上了轎。見他在隊伍後方跟著，我心生一計，趁著天色昏暗（唐代多於黃昏迎娶）行經偏僻小路時，要求暫停讓我下車小解，趁機逃上了他的馬逃婚。

他將我帶回了他家，向世人宣告了我們的關係，也多次拜訪父母不斷地解釋並苦苦請求，好不容易，這些風波總算止息。我們大膽的行徑在洛陽城裡傳得沸沸揚揚，在熱鬧中我懷上了胎。良人殷切期盼著娃兒出生，沒想到我們母子倆卻因難產相繼離世，我們的愛情如晚霞絢麗且短暫，他哭喊著對我許下來世再續的承諾。

在老師的平靜指引裡，下一幕我的靈魂來到歐洲的中世紀。我是十多歲的女學生，假期時到閨蜜家小住，她讓我穿上早逝母親的舊衣，從閨蜜和她剛返家的父親眼中我知道自己與夫人長相極為相似，就這樣一個陰錯陽差，我與閨蜜父親陷入熱戀之中。

長假結束回到自己家中，我懷孕了。對方前來求婚被拒，當他不得已要離開時，被軟禁房中的我從二樓窗戶跳下與他私奔。為了躲避追趕疾行於山路，一路顛簸令我動了胎氣，在月光下我瞧見自己流了一灘血，也讓他慌了手腳，一不留神，馬亂了蹄在轉彎時跌倒。寒夜冷風裡他抱著我喊著：「撐一下，再撐一下，不許走，不……」。

最後，只見他獨自在月光下，抱著逐漸冰冷的我悲痛地哭著。

過去記憶無情地烙印在今生命運上，這生生世世的約定，都在不被祝福的世俗中點燃兩人濃烈的愛，卻都因難產讓兩人的緣分嘎然而止。若沒有婚約、沒有孩子，是否就能實現前世的約定？原來這都是我們靈魂的自我保護機制。看完了前世，全盤改變我原本的想法，只要我們可以長久陪伴彼此，他不鬆口的婚約已經不再是困擾了。

沒想到心結打開了，命運也不再糾結了，七十好幾的他竟然學起年輕人求婚，沒有愛情電影的浪漫、沒有歌舞電影的歡樂，卻真實地記錄著改寫命運的這一刻，這次，我真的要結婚了。

這場遲來二十年的婚禮，對我來說格外意義深遠，減去了累積在身上的體重和多年來埋在心中的種種擔憂，終於以最完美的狀態穿上那件婚紗，當將手交給對方那刻，在彼此眼中看到的是生生世世的承諾，我們，終於完成了前世未盡的遺憾。
對著我們的婚紗照，誠心許下願望，下一世我們要早點相遇，別讓他再空等太久。

ViVi老師的催眠觀點——接受深層恐懼「失衡點」才是真正的放下

王霞的案例，因為探索了前世與今生的因果關係，接受了老公與她自己靈魂的自我保護機制，也就真正的放下了無法結婚的糾結，開開心心過日子。命運的安排往往就是如此巧妙，當心靈的印記（結婚及懷孕會帶來緣份結束）被平衡之後，他們夫妻倆就共同創造了一個新的局面——真正舉行婚禮，也拍了成套的美麗婚紗照。

課題：接受與放下帶來的美夢成真

常有個案問我：「老師，我已經在腦海中勸自己幾百幾千遍了，為什麼我還是無法放下這件事呢？」這個主題其實有幾個面向：

第一，光是用頭腦心智的運作，不容易帶動橫跨身體與心靈層面的轉變。舉個例子來說，有人嗜吃甜食、炸物，其實是因為身體失調，如果強迫自己不准吃甜食炸物，會有一段煎熬期，也許最終會成功戒糖戒炸物。但是，如果找出他身體失衡的原因，從這個失衡處開始調理，他自然就戒除了對甜食及炸物的過量攝取。

第二，我們放不下的事，最終幾乎都在情緒情感層面糾結困頓，而這樣的困頓，會在身體中的感知系統中造成一定的模式。當我們不斷想起這件「放不下」的事，這個慣性的感受及反應就會被強化。也就是說，當我們越想要強迫自己放下某個人事物，越會因為這樣的強化而更難真正「放下」。

跳脫「慣性情緒反應」模式的心理技巧

首先問問自己，你想要放下的事情是什麼？請準備一樣跟這件事相關的物品，可以是一張照片，或是一個紀念品。再來，請回想你一生中，最快樂的時光或回憶是什麼？再準備一件跟這件事相關的物品。

在一個寧靜的空間中，請確保至少十至十五分鐘不能被打擾。然後，用左手拿起你最想要放下的相關物品，仔細的回想過去種種這件往事的回憶，無論悲傷或憤怒，在這個過程中請保持拿著這件物品，並自然地宣洩這個情緒。

再來，放下這件物品，用右手拿起最快樂回憶的相關物品，仔細回想你最快樂回憶的細節，越仔細越好，這個過程中也一直拿著這件物品。

接下來，放下這件物品。緩解一下情緒之後，再用兩隻手（左手拿最想放下的相關物，右手拿最快樂的相關物）同時拿起兩件物品。不要有任何想法，只是很純然地拿好兩件物品。如此靜默三到五分鐘，保持沈穩的呼吸，不要有任何的想法。

靜默三到五分鐘之後，放下兩件物品。接著，再拿起你最放不下事件的相關物，仔細的觀察自己的情緒，你的情緒有無細微的改變？還會這麼在意這件事嗎？對於這件事，你有沒有任何新的觀念或洞見？

也許你有好幾件想要放下的主題，就請依照這個步驟，一次進行一個主題。每個主題之間最好相隔一天，做完這個練習要很誠實的面對自己的心，有些事也許不能練習一次就全然放下，但只要我們的糾結越來越淡，就是這個練習奏效了！

踏不上紅毯的感情

第9章

愛上媽寶男

論及婚嫁卻瞬間破局，是誰破壞了我的姻緣之路

當徐靜聯絡時，我正好在遙遠的國度旅行，在刻意平靜又略顯急切的語調中，她簡單訴說了正遭遇的困境，我們隨即約定好回臺灣後的時間。

以同為女性的眼光，看到徐靜第一眼，就讓我眼睛一亮，她就是走在路上會讓人想再回頭看的那種美。家境優渥、外表亮麗，並且擁有留學美國的學歷，在工作一帆風順，也有著感情甜蜜且即將步入禮堂的男友，人生順遂美好。

但是話鋒一轉，徐靜緩緩透露，被男友媽媽強勢阻擋婚事的過程，男友更被半強

迫的送回美國生活，心碎的兩人在無奈現實下，只能各自在生活中浮浮沈沈，她還聽說，男友得了輕微憂鬱症。

面對這場突然劇烈轉變的婚事，徐靜有太多不解和不甘心，她想要用催眠來一探究竟：這一切是怎麼回事？

徐靜的回溯經歷

從交往到論及婚嫁，未來的婆婆始終未曾表現出反對意見，但就在準備訂下婚期時，男友突然硬生生地被他母親送到美國管理海外事業。讓我始終想不透的是，男友就這麼乖順地接受安排，也不懂他母親為什麼會這麼做。

這些一直沒有從男友那得到解答，在美國的他從一開始的輕微憂鬱，到習慣之後逐漸過得愜意，在臺灣的我似乎已是可有可無，後來分手也成了理所當然。分開一年多的某天，這位媽寶突然連絡我，說奉母之命想要復合，他既然已經回來了，我依約碰面，心中仍是期待能有圓滿結局。他首先匆匆說明想結婚的意願，卻提不出任何後續想法，當我想與他討論進一步的計畫時，他眼神的不確定中帶點退縮，已完全不再是當年喜滋滋跟大家宣布即將結婚的那個人，我心想，老天一定在開玩笑。

後來持續碰面，一直存在反反覆覆的感覺讓我非常心煩，聽朋友說，可以透過催眠看前世緣份與未來展望，我，想知道自己今生有沒有機會嫁給他。

原來被催眠很簡單，只要專注聆聽老師的指令，信任她的指引，我就能開啓存放記憶的盒子。在那似夢似醒的畫面裡，我是位家境富有的瀟灑公子哥兒，這天我心情特別雀躍，正在首飾店挑選一只玉鐲作為定情之物，因為我娘應允我與小玉的親事，媒人準備去楊府提親，我想這玉鐲戴在小玉手上一定很好看。帶著玉鐲回家，就見到小玉差遣丫鬟送來一封信，說是她父母已經答應了張家公子的提親，我頓時一陣天旋地轉，這一定是小玉的求救信，我得去救她。小玉就是我今生的男友。今生我比較積極而男友比較和順的個性，原來是因為我們前世的性別是相反的。

由於彼此都是地方有頭有臉的家族，小玉的父母是絕不可能悔婚，讓小玉再嫁進我家，只會成為地方上的笑柄。透過小玉的丫鬟，我們私下見了一面，彼此毫無辦法只能流淚相望，我將那玉鐲送給了她，我心裡一横，不管怎樣都要跟她共度今生，於是有了「劫」婚的打算。

張府大肆鋪張鑼鼓喧天，城裡城外都知道張家公子今日成親。我事先規劃好，也在郊外找了間隱密的房子落腳，現在就等約定的時刻將小玉劫走，那晚本該是她與張家公子的新婚夜，但卻是與我洞房。沒想到的是，張公子無視我倆已有夫妻之實，仍要帶回小玉，無論我如何苦苦哀求，小玉還是回到了張府。抬頭看張公子那咄咄逼人的嘴臉，竟然就是我今生未來的婆婆，那眼神跟在機場送男友出國當天，她看我的表情一樣冷酷，是我一輩子都忘不掉的神情。沒想到，我們三人竟是如此糾纏到今生。

催眠老師問我後來還有見到小玉嗎？

沒有，失去小玉之後，我很快地就大病一場，離開人世，再也沒有機會相見。雖然不知道小玉跟張公子後來怎麼了，但我知道她心裡是有我的，不然今生她不會以另一個身份在人海中與我相逢，成了我的男友，並且很快地向我求婚，但她，是否也有與張公子的緣份跟誓言？

男友媽媽與自己的老公感情不甚和睦，但跟這個兒子總是手牽手一起出門逛街，還常常甜言蜜語的提醒他說「我們一輩子都不可以分離喔。」從前世到今生，彼此換了角色跟性別再度相逢，而這段緣份張公子仍是不肯放手。

催眠老師引導我與張公子開始和解，溝通彼此的情緒之後，更多前世的記憶慢慢浮現上來，原來我們三個人是青梅竹馬一起長大的好友，我們兩人都喜歡小玉，張公子知道小玉比較喜歡我後，捷足先登的央求父母親提親。在潛意識裡，我與張公子開始和解，但是固執的他還是無法放下，執著是他先我一步成功締結親事的婚姻之約，我們最多只恢復了過往的友誼，但他仍然不願意成全我與小玉。

慢慢醒轉後，在進行催眠前，我心中強烈執著的疑問：「今生，我還有機會和男友共赴紅毯嗎？」，無論最終答案是什麼，我的心，都已不再那麼痛苦了。

ViVi老師的催眠觀點——宇宙中沒有偶然事件

人負我？我負人？當我們遭受生命中不公不義的對待之時，往往會詢問命運，為何這些莫名其妙的事件會發生在我的身上？

借助催眠，我們往往能夠得到意想不到的答案。孟婆湯的威力是這樣徹底，讓我們忘卻一切重新出生，但是業力之手卻從來沒有忘記，等待因緣際會成熟，我們就會承受業力之果。

因果業力並不可怕，如果我們面對，還可以借力使力地學習到更多層次的生命內涵。畢竟，我們只是人間過客，若能學習對生命中的種種負起全然的責任，甚至包括今生之外的所有人生，自身的修養及眼界，將會有很大格局的成長與開展。

無條件的接受並且祝福我們的過往，也許並不容易。但是如果瞭解，在看不見的業力之手的掌心，其實蘊含著一顆美麗的珍珠，那用銅牆鐵壁包裹的脆弱內心，就能允許自己散發美麗溫柔的力量。

徐靜最終還是沒能跟前男友復合，但是在情人節的那一天，她收到前男友委託花店送來一大束百合花，白色的百合被滿天星包圍，滿天星像是一眨一眨的眼淚。百合百合，百年好合，整束花團錦簇，不就是當年挑選婚紗想要用的捧花模樣嗎？男友此後，像是風一般消失在人海中，了無音訊。

也許，兩個人今生心頭的遺憾苦澀，是生命的功課，要他們將心比心的感受前世一時衝動，傷害了張公子及三個家族的心痛。人生能有幾個童話般快樂的結局？接受了我們曾經傷害他人的前因，能更成熟的接納痛苦，體會被害的感受。有一天當心智圓融的時候，也許在下一個人生的轉角，有緣人會再度相遇。到時候考驗已經過去，就能夠許諾對方一輩子的相知相守。花謝之後可以靜待花開，分離，是為了下一次更好的相聚！

課題：接納生命中的意外

當生命中的意外突然來拜訪，你會怎麼做？是怨天尤人並且盡力地想要恢復生活過往的原貌，還是稍微停頓一下，接納這些發生，將心情整理好之後繼續努力的生活？

接受生命的意外事件，甚至包括所愛之人的生離死別，是一件非常不容易的事。但其實靈魂轉世就像一段一段的旅行，經歷人生有如搭乘交通工具；而死亡就像是下車換上另外的交通工具，繼續靈魂的旅程。

若能理解靈魂藉由這個宏大的旅程體驗及學習，我們就能夠用更寬廣的角度來看待自己的生命，並且接受無常的洗禮。這看似漫長的人生，在永恆的靈性生命經驗當中，只是一段小時光。

事實上，宇宙間沒有偶然，也沒有意外。看似突發事件，其實都是每一個因緣成熟的果實落地。接納現在已發生的事件，並且藉由這些事件提醒自己，不要再犯同樣的過錯，這就是意外與挫折帶給我們最好的禮物！「接納」已發生的事件，就不會再增添過往業力的重量，我們也能平心靜氣的，在接下來的人生中，繼續創造善良慈悲的行為與緣分。

「接受一切已經發生」的冥想練習

首先，請在一個安靜的環境下，放鬆地坐著或是躺著。你可以蓋上小棉被以防著涼，也可以為自己點上一個小蠟燭，薰香或放一首輕柔的音樂，來陪伴自己的冥想過程。室內的燈光請勿太亮，必要的時候，可以跟家人或同住者先知會一聲，以防他們在過程中打擾。手機請記得關靜音，如果怕自己忘記這個引導過程的步驟，可以先錄下這些引導詞，或上網收聽Vivi為大家錄製的語音引導。冥想前請勿吃太飽或是太累，可以避免過於放鬆而睡著。如果在過程中被打斷，或是不小心睡著，請勿掛心。再找一個安靜的時間，重新聆聽一次冥想引導即可。冥想能力是一種可以鍛鍊的能力，像是鍛鍊肌肉一樣，若讀者在聆聽冥想引導的時候，無法開展超感官能力連結內在的心靈世界，只要多練習即可。

在準備好的空間躺下或坐好之後，請先放輕鬆調息，做三個深深的大呼吸。吸氣的時候，想像溫暖光明的能量，經由吸氣進入自己的身體。吐氣的時候，請想像自己身上的疲累、擔憂、沮喪失落等等能量都被吐氣帶走。在三個大呼吸之後，將注意力放到頭頂。

接下來，想像有一股清涼潔淨的水流，由頭頂緩緩地流動下來，這個水流經過頭頂、臉、頸部和肩膀、流經軀幹及雙手，再流過大腿、膝蓋、小腿及腳踝，經由我們的腳趾頭流出去。水流經過的時候，感到每一吋皮膚，甚至每個細胞都因此而放輕鬆了。我們很舒適地待在此時此刻，不想再有任何移動，並且保持放鬆的深呼吸。

接下來，想像前方有個美麗的森林步道，我們開始往前走，在這個過程中，觀察有哪些花與樹、或是風景令你印象深刻？如果你在旅途中遇到其他人，他是誰呢？記下這些答案，如果記下答案的時候打斷了你的內在視覺之旅，就不要刻意去記憶，優先專注在你的內在心靈世界。

接著，你會來到一個翠綠的大草原，選擇一個舒適的地方坐下或躺下，靜靜的回想一段你至今仍然覺得相當沮喪或遺憾的回憶。若升起強烈的情緒，請將雙手放在胸口，對自己說：「我了解，我接納已發生的一切。」可以重複的說，直到這個你覺得這個淤塞的情緒開始流動，甚至消失。

接下來，問自己，如果這件事再發生一次，你會用相同的應對方式？還是有別的選擇？在這個過程中，請切勿評斷別人，也請勿苛責自己，先抱持客觀的立場，好像在看別人的故事。

接著，再重新播放一次這個回憶，並且加上新的互動方式，看看這段回憶會呈現新的劇情嗎？可以重複的播放，直到自己覺得圓滿為止。如果發現自己在過往有做錯的地方，也請真心誠意地跟對方道歉。

當你覺得圓滿之後，我們要回到此時此刻此地了。現在，我從十倒數到一，你會完完整整的回來。十、九、八……三、二、一！好了，你可以慢慢張開眼睛，活動一下四肢。你可以記錄一下剛剛的心得。

第10章

相逢三生三世

曖昧糾纏十年，我們還能繼續相愛嗎？

優子是日商公司高階主管，在活潑亮麗的外表下卻總藏著一股濃濃憂傷。

原來十多年前，在一次工作中，她與日本大客戶的兒子一見鐘情，兩人之間若有似無的情愫互相牽引著對方，但跨國遠距離的鴻溝，卻始終沒能更進一步，因此接下來，是長達近十年的曖昧期。

十年，一般人早就無法堅持下去，直到對方飛來臺灣表白後，這漫長的曖昧期總算孵化完成，愛情幼鳥需要呵護照顧才能成長，兩人能否禁得起美國臺灣遠距離戀愛

的艱辛？他們的戀情看似穩定地發展著，直到有一天，優子突然跟我說他們分手了。

分手的原因，來自於對聯絡頻率、及雙方在生命中的定位無法達成共識。優子想要的是被呵護、被寵愛的甜蜜戀情，但因遠距、時差、事業繁忙等種種因素，裂痕最終擴大變成無法跨越的鴻溝。

在一次英文溝通，兩人因理解不同而造成誤會，成為壓垮優子的那根稻草，仍深愛對方的她提出了分手。但帶著受傷和不甘的心，優子來到我的工作室進行催眠潛意識溝通，希望為兩人這十多年來的愛戀糾纏找一個解答。

優子的回溯經歷

愛しのあなたへ。

說完分手的第三天，又一次翻看著存在手機裡那些過去的訊息，才發現原來你一直是好好用心守護我的，只是我都沒有看到。

遠距離再加上彼此都不是用母語交談，常常無法在對話中清楚知道你的感覺，無法觸及你的內心，更何況你還是一位大家族企業的日本總經理，讓我們這段感情談得格外艱辛。

無法像一般情侶那樣隨時互動聊天，我常常不知道現在你在哪一個時區的國家，正在進行著什麼會議、商討什麼，但戀愛中的我們，不是應該視彼此為第一順位嗎？在忙碌空檔擠出時間傳個訊息給你，卻又遲遲沒有回應，那等待的時間都足夠讓我從臺灣飛到美國。就連好不容易可以跟你撒嬌待在一起，又總在不斷等待中度過，直等到晚了、累了、沒心情了。你總是說有會議有工作，可是我也一樣，一個沒有家世背景的臺灣女生，要在工作上要表現得多亮眼才能被你父親看見，並且願意收為乾女兒，你難道不清楚我有多用心跟努力嗎？

只能請催眠回溯師幫忙，讓我進入你的意識之海，因為此刻我只想聽你說一句「你愛我」，來安撫我那顆紛亂的心。

潛入那廣闊的意識中，萬萬沒想到在某一世，你竟是我的父親。滿六歲那年你去世了，我只能在片段的記憶中不斷尋找你的細心呵護，那種飄渺的感覺就好像今生不斷飄洋過海向你討愛的依戀。另一世你是我入贅的夫君，我知道你愛我，但入贅的身份緊緊壓在你胸口上，壓得你有再多的愛也說不出口，那種難已啓齒的苦在今生竟然也是這麼熟悉。這一世，命運再度將我們連在一起，我成了你父親的乾女兒，這樣的安排有著什麼樣的訊息嗎？

這三天，我沒有 LINE 你，卻時時刻刻都在想著：你想我了嗎？

多希望能像在催眠裡一樣跟你聊天，可以跟你回到前世，在你入睡之際，輕輕地靠近耳邊，把想說的甜言蜜語都說上千遍。我在催眠裡一直逼問你，你把我放在心裡的哪一個位置，甚至問了我跟你媽同時掉入水裡，你會先救誰這樣的蠢問題，而你只是安靜看著我輕輕地說：「我會一直守護著你。」。

現在還是一樣嗎？

為了找出這個答案，我不斷翻閱過往的對話記錄，過去是我太嬌縱了，謝謝你三生三世都無限縱容地寵我與愛我，這一次，我真的看到你那深藏的情感，所以今生，換我來守護彼此的愛吧。

あなたの私より。

ViVi老師的催眠觀點 As within,So without

靈性科學的發展，已達到百家爭鳴大放光彩的現代，有許多輔助工具及技巧，可以讓人潛入集體意識的大海，探討自己的、與他人共同連結的、各種層次的意識。許多時候，這些輔助技巧真的讓人啟動了心靈中的清明與智慧，讓人與人的連結更加交融互感，超越了語言文字所能形容之境地。

Vivi 許多個案提供了精彩的前世回憶還有靈界的訊息。Vivi 發現，當大家的靈魂處於純靈性的狀態，每個靈魂真的都是出於本質的真善美，也都表達無條件的愛與信任。但是，過度依賴靈性工具所提供的訊息，往往會忽略了身而為人的本職。

靈性的滋養來自於宇宙無盡的愛，但是，我們既然身為物質化的人身，就要尊重物質世界的法則。身、心、靈的密度與振頻不同，假如情人之間有爭執了，一方需要道歉的時候，面對面的好好道歉，會比求神拜佛希望對方原諒更加務實。

求神拜佛真的有效！但是人際當中的互動，應該是公平的往來與真正的發自內心及行動。我們都希望改變別人，期待別人按照我們的意願來互動。但是，健康的人際關係，應該是基於兩人的自由意志出發，由共同的願景及互愛所創造。

優子就是很成功的例子，她將催眠回溯中所得到的訊息及內容，配合現實環境中的情境，走出了想不開的迴圈，也確定了她願意為這段難得的愛情繼續付出。當她調整好心態，寫訊息給男友的時候，男友馬上熱切的回應她！他們也成功的復合了！

善用靈性工具的輔助，再加上自省及修正行為，我們的生命，自然會達到不可思議的轉化與發展。

As within，so without，as above，so below.

「正如有內，所以有外；正如在上，所以在下。」

這是古代煉金術的宇宙觀。在這裡，將這句話分享給對於靈性科學發展有興趣的朋友們。當我們身心和諧，內外一致，我們會覺得比較容易心想事成，也比較容易遇到順境，這是因為我們的外境就是心念的投影。

雖說「大道至簡」，有時候，必須經由複雜而深刻的苦難，來體會出簡單卻永恆的宇宙法則。此時，真理不再是老生常談，或是頭腦中的理論，而是用生命之路共鳴出來的旋律～當我們度過了「見山是山，見山不是山，見山還是山」的旅程之後，頭頂星空，腳踏實地，珍惜且感恩地一步一步走下去，這過程或許艱辛，但這些真實且珍貴的體悟，都是宇宙為我們精心安排命運，所帶來的禮物。

課題：外境即是心念的投影，走出迴圈並平衡身心

我們生在一個資訊爆炸的時代，舉凡各種修行、宗教、古今修煉以及哲學命理的資訊、大師們修煉的體悟，都可以輕易地在出版物甚至是網路上找到！因此，熱衷於身心靈探索的現代人，有一個有趣的現象，就是經由學習得來的靈性知識，遠遠超越經由自己修煉的實證！造成了身、心、靈的發展不均衡的現象。

因此，Vivi在此要介紹一個平衡脈輪的練習。這可以幫助身、心、靈發展的均衡。脈輪是我們人體的能量中心，能量運作的方式是以旋轉的方向流動並且與其他的脈輪串聯。沿著人體的中央光柱，大部分的修煉方式會依照七個能量中心，也就是我們所說的七大脈輪來練習。脈輪中的能量是否順暢流動，決定了我們的身心狀態的平衡與健康。不只如此，脈輪更是我們連結靈性力量與靈性潛能的通道。

脈輪能量流動可以經由以下的練習步驟，來達到均衡的發展

「平衡脈輪」的練習

首先，我們先了解七大脈輪的位置。

1. 海底輪（英文 Root Chakra，梵文 Muladhara）：脊椎股最底部
2. 臍輪（又名生殖輪，英文 Sacral Chakra，梵文 Svadisthanka）：肚臍下方一吋。
3. 太陽神經叢（英文 Solar Plexus Chakra，梵文 Manipura）：肚臍上方兩指寬的地方（每個人請用自己的手指測量）
4. 心輪（英文 Heart Chakra，梵文 Anahata）：胸膛中間
5. 喉輪（英文 Throat Chakra，梵文 Vishuddha）：喉嚨正中央
6. 眉心輪（又名第三眼，英文 Third Eye Chakra，梵文 Ajna）：前額中央
7. 頂輪（英文 Crown Chakra，梵文 Sahasrara）：頭頂中央

接下來，找一個寧靜的地方，穿著寬鬆舒適的衣服，坐下來或者是躺下來。

調整你的呼吸直到全身有意識地放鬆，開始唱頌各脈輪的種子音。我們從Do（就是音階C）開始，依著音調 CDEFGAB ，也就是do、re、mi、fa、sol、la、ti的順序。

1. 深深吸一口氣，然後和緩的在Do音的位置，唱出深長的 海底輪種子字「Lam」音，注意力放在海底輪，唱到這一口氣結束，然後再深吸一口氣，同樣的音調再唱一次，總共唱七次。
2. 注意力放在臍輪的位置上，在Re音的位置唱出深長的「Vam」，總共七次。
3. 注意力放在太陽神經叢的位置上，在Mi音的位置唱出深長的「Ram」，總共七次
4. 注意力放在心輪的位置上，在Fa音的位置唱出深長的「Yam」，總共七次
5. 注意力放在喉輪的位置上，在Sol 音的位置唱出深長的「Hum」，總共七次
6. 注意力放在眉心輪的位置上，在La音的位置唱出深長的「Sham」，總共七次
7. 注意力放在頂輪的位置上，在Ti音的位置唱出深長的「Aum」，總共七次

唱誦完之後，可以觀察一下自己身心的變化。然後多喝溫水，休息一下。

相逢三生三世

第11章

遇見數字密碼

看見未來感情的曙光

在Vivi接觸的個案中，許多都是在自身領域表現十分優秀的佼佼者，阿威也正是其中一員。雖然身為女人，但她帥氣的臉龐和散發出的獨特優雅氣質，卻讓很多男人都自嘆不如。

然而不論社會地位多引人羨慕、學經歷成績單再怎麼漂亮，每個人來這趟生命旅程，都有自己需要面對和闖過的關卡，即使內外在條件極優的阿威，也不一定在感情路上就保證一帆風順。這一天阿威突然緊急聯絡我，希望能進行催眠，感受到她內在的徬徨無助，我在滿滿行程表中趕緊安排一個時段，希望引領她，在這趟回溯之旅中找到解答。

阿威的回溯經歷

周遭的女性朋友都喜歡可以偷看未來的水晶球，她們帶著我去算塔羅、看手相、看星盤，我喜歡看她們透過各種神秘學開心聊天的樣子，在那一刻裡，她們洋溢著希望，笑容迷人、眼神閃閃發亮，我很享受跟她們渡過那樣的時光。

去年生日前夕，滿心期待的生日大餐迎來了永生難忘的傷痛，因為女友在這個重要的日子裡，為我點播了一首「分手快樂」。

10月22日22：22，獨自一個人聽 Eliane Elias 溫情唱著 Call me，想知道再過幾分鐘她會不會打電話告訴我她後悔了？又或者是再過幾天她會不會打來說我們復合吧？過去我的生活中充滿著她的香味，現在誰能幫我找到跟著她一起離開的那瓶香水。

我不敢親手翻開塔羅牌，不想被人從牌面告知，她離開後我該怎麼生活，更不信她的離開是命中注定。躺在催眠回溯師的工作室裡，這裡沒有女孩們的聊天討論，我靜靜地依照指示，將手輕輕放下，慢慢放輕鬆地等她來到眼前，我看見了她！我敞開心房與她溝通，期待能為分手帶來一絲轉機。

但是最後，她仍是背對著我說：「沒有你，就沒有今天的我，現在我要走了，還是非常謝謝你。」

怎麼能用「謝謝」二個字輕易地交待了這一切呢？字字句句裡，我感受不到她的情感，說「今天的她」是我造就的，那個她是已經離開我的她，還是還在我懷裡的她？我不知道我應該再做怎樣的努力才能挽回她，一切都是我的問題嗎？告訴我，我該改什麼？我都願意配合。

催眠回溯裡，滿腦子的問號全都沒有答案，還來不及問她為何無法繼續愛我，一個特別的店家招牌畫面，就闖進了我的腦海中，在那看似 Pub 招牌的街角，一名長髮披肩的女人來跟我搭訕，成了我的女友。我覺得這些都不可能發生，我的心還被佔得滿滿，根本無法接受下一段感情，當下的我只是一笑置之，甚至覺得自己在幻想！

隔天看見前女友 IG 上的發文，竟然跟催眠裡她說的那句話一模一樣，「沒有你就沒有今天的我，現在我要走了，還是非常謝謝你！」，我又正好聽著同一首歌，音響螢幕上顯示著 22：22，去年與她吃得情人節大餐的金額也是 2222，於是我心裡暗自許願，在下一個 2222 出現時，她就會 Call me！

Call me Don't be afraid you can call me Maybe it's late but you call me Tell me and I'll be around。

是天使聽到我的心願了嗎？好多的 2222 出現在我的生命裡，開車時前方的車牌號碼、到花蓮散心的火車班次、下榻旅館的 WiFi 密碼、買給自己的蛋糕的發票號碼，就連銀行臨櫃號碼牌抽到的，竟然也是 2222。網路上說這是一個天使數字，代表一切正在順利進行當中，不必擔心，請相信願望即將實現，只要等待奇蹟發生。於是我繼續積極收集這天使數字，希望奇蹟會發生。

不想女孩們看見我脆弱的眼淚，一個人躲在健身房裡讓汗水奔流，臥推硬要推上第22下才肯罷休、跑步機硬要跑完22分鐘，弓箭步也撐完22組才回家倒頭大睡，為的就是那擁有奇蹟的數字。

一日下班後同事吆喝著一起去Pub，明明第一次來卻覺得Pub的招牌非常熟悉，但也想不起在哪裡看過，酒酣耳熱之際，一位相識已久的同事突然跟我告白，我傻呆問她：「妳是不是看我太孤單，所以母愛大爆發啊？！」。

就在22天後的一個夜晚，22：22，酒精再度點燃我倆的熱情，看著彼此眼中的自己，在特意選定的2222號房間看見她背後兩隻天鵝刺青，像是天使的翅膀也是數字2，她身上飄散著的是Chanel No22的香味。

前女友的味道漸漸散去，生活裡有了新的香氣。活在當下的我，每天都紮實地愛著對方，也被愛著。前女友的離開讓我身在無盡的反省中，不斷地尋找擁有奇蹟的天使數字，奇蹟真的發生了，但不是她。

我正處在半年前催眠回溯裡的未來世界，一個充滿ChanelNo22香水的世界裡，有點不可思議，到現在，還覺得這可能是一場夢。

ViVi老師的催眠觀點——生而為人不孤單

各位是否都有過這樣的經驗？自己腦海裡正在重複想著一首歌曲，忽然旁邊的親人或好友就唱出了這首歌！或是自己正想說出一句話，旁邊的人就突然衝口而出！類似的巧合，除了我們跟身邊人的默契之外，還有別的原因可以解釋這種現象嗎？

我們的大腦中會不斷散發著腦波，就算在深度睡眠的情況下，腦波只是非常緩慢，不會停止。世間萬物都有其振動頻率，當兩個物體接近的時候，他們的振動頻率就會互相影響，我們的大腦腦波，也會與接近者的大腦互相影響。當兩個人的大腦腦波互相達到協調一致的時候，我們自然就會產生知道對方想法的直覺與感受。這並非什麼神神叨叨的說法，而是非常自然的現象，也可以經由科學儀器檢測而得到這個結論。

本文中的個案，在催眠的情境下，收到了前女友想告訴她的一段感謝告別。在催眠中，她的前女友跟她溝通了許多彼此不再適合的觀念，包括這一段感謝：「沒有你就沒有今天的我，現在我要走了，還是非常謝謝你。」這位個案在催眠剛結束之後，對她前女友在催眠中所說的話，還有未來結識下一任女友的過程，都感覺不可思議、甚至有點懷疑。但是她在催眠後第二天一大早，就趕快寄貼圖給我看！那是她前女友的IG貼文截圖，她在催眠中聽到女友的感謝，真的是她女友心中的想法！

接下來，阿威的人生，就猶如預先看過人生錄影帶一樣，順流而下展開一波又一波的精彩劇情！

我們的過去與未來，都儲存在阿卡莎紀錄區，這個區域，也可以說是人類的集體意識圖書館。而且，各位相信嗎？我們的未來不止只有一個版本。也許，千萬種意識，千萬種劇情，在宇宙浩瀚的時光帶中，如同一粒沙之渺小。但這一粒沙，對每個個體而言，都是非常珍貴的禮物。

人身猶如一部載具，我們的意識搭配了人身的配備，加上周遭環境人事物的配合演出，組成了日復一日的人生劇場，我們的感官可以非常真實地感受這些經驗。當一切物質，包括我們的肉身被分解來看，我們可以微觀，這一個人生舞臺，包括自己，是由流動的粒子所組成。而我們心念的執著會產生一個引力，會抓取且限制了這一切的流動，也就是會讓我們的人生困頓難以向前。

在註定與非註定的命運之間，我們的心，若能夠保有一個空間與彈性，將可以由宿命論的綑綁中重獲自由！

Vivi 祝福各位讀者，大膽突破自己感覺被框架限制的人生。
請記住，自由意志是人類最珍貴的禮物之一！

課題：與你的指導靈溝通

有些朋友會跟 Vivi 說，覺得自己很孤單，無人陪伴甚至注意他。可是，這是真的嗎？事實上，我們生來就有指導靈（守護天使）陪伴，指導靈有可能是我們累世修行有緣的神佛或菩薩派來的護法、前世的愛人親人，也有可能是已逝的祖先前來看顧子孫，另外，當然還有很多的可能，像是與我們有特殊緣分的靈性存在。指導靈及守護天使全然地愛我們，在發生重大事件或是關鍵的時刻，他們會想辦法提醒，卻從不左右我們的自由意志。在我們成長的過程中，指導靈也會更換，這會依照當時自身的頻率，來挑選合適的指導靈。

「留意」天使數字帶來的訊息

注意身邊出現的數字，就成為我們與守護天使溝通的管道。請勿刻意地尋找，而是讓天使數字自然地出現！例如，你知道現在手機顯示是 3：31 分，你大約過兩分鐘再看手機，就看到 3：33，這樣並不算天使捎來的訊息。但是如果你一打開手機就看到 3：33，等下路上看到前方的機車車牌是 333，甚至你要去的目的地是某條路的 333 號。這種感覺，就是天使想要傳達訊息給你。

天使捎來的訊息有可能會是個位數，十位數百位數，甚至是一個很特別的長串數字。也有可能是電子時鐘上的特殊排列組合，例如 3：33、12：12、05：05 或是你自己的生日．

天使數字的內容相當龐大，這些資料都被公開在網路平台上，可以參考朵琳的天使數字（參考書目：天使數字學），克里昂的數字理論（參考書目：DNA 靈性十二揭秘）以及齊瑞爾的數字學（參考書目：在覺知中創造十大法則）。也許他們的觀點會有些不同，但我們可以實驗哪一位的理論更適用於自己的人生情境。

善用數字的能量，可以帶來更美好的轉變！各位讀者可以開始觀察 ，讓隱藏在生活裡的數字訊息，回應並支持我們的生活。這是 Vivi 常用的好方法，也在此分享給各位讀者。

第12章

惡魔官司

長年纏訟緊咬不放，人生被推下谷底深淵

高宸從紐約名校畢業回到台灣後，隨即進入知名廣告公司擔任行銷企劃，短短時間內，做出了許多拍案叫絕的經典作品，被譽為廣告界行銷奇才的他，聲勢與身價都一飛沖天，成為業界當紅人物。

在一帆風順之際，卻意外被前主管提告，原本沒有太大商業瑕疵的案子，在對方緊咬不放之下，是非恩怨如雪球般越滾越大，隨著對方慢慢掌握越來越多的資源優勢，官司如火如荼進行著，這時的高宸宛如從高處跌落，處在人生及事業的最谷底。

身心困頓的他，既對官司束手無策，又實在不解對方的濤天恨意從何而來，經由朋友介紹來到了工作室，在釐清今生一切來龍去脈後，開始了這趟催眠回溯的旅程。

這世上一切皆來自於因果報應嗎？

高宸的回溯經歷

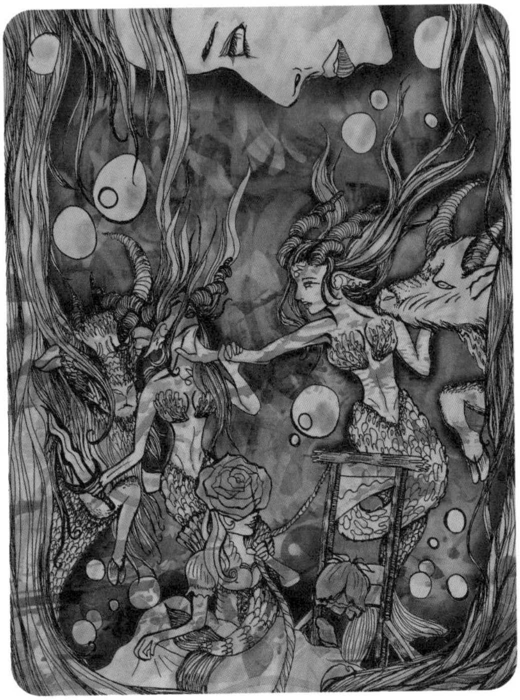

有人說最腹黑的兩大星座，就是天蠍與摩羯，摩羯座的我對上相同星座的她，似乎註定成為輸家，而我至今都還在這敗陣中，尋找可能的一絲贏面。

五十歲的她曾是我的老闆，那一年我四十歲，因為工作糾紛被指控了一堆罪名，城府甚深的她透過諸多管道，陸續拿到許多對我不利的證據，我原以為厄運會在一審後結束，沒想到，一審後她要求再度上訴，局勢越來越倒向她，這場官司走了三年至今仍未落幕。

但某個夜裡，我竟夢見了女摩羯老闆跪在我的前面，哭求我放過她！這怎麼可能，現實中明明是她不肯放過我。

當難題無法解釋時，總想透過其他方式獲得更多的解讀，藉由這次催眠回溯，我只想知道彼此這糾葛的命運從何而來！讓我在眼前的一片黑暗中可以找到一點光。

此生被眾人誇作帥哥的我，在穿越時空門的另一邊，卻是名女子，有著人人欣羨的美貌，身穿一身華麗禮服穿梭於凡爾賽宮舞會上。突然間，舞會裡喧鬧的聲音安靜了下來，所有人屏氣凝神地看向樓梯頂端，等著最權貴的將軍從門後出現，我緊握雙手心想著，這是唯一的機會，為了往後的榮華富貴，無論將軍長相個性如何，今晚我都要成為他眼中的唯一。

然而此刻，我見到那對又肥又醜的貴族姊妹站在一角，我在心裡嘲笑，整場女性無人能與我相比，就憑她們那點姿色，竟也想盤算怎麼靠近將軍。

其實我是沒有資格待在這名媛聚集的舞會裡的，要不是我在一次接觸中，靠著極佳的口才跟高明手段，讓這對貴族姊妹毫無戒心地把我當成好姊妹，訓練我禮儀打扮成名媛，帶我進入她們的社交圈，否則出生破落貧民區雖有姿色的我，也無法妄想今晚。

只是將軍的出現讓她們也有了競爭之心，甚至想要揭穿我的身份。我必須在她們動作前先下手才行，讓她們永遠沒有機會，我也是做了件好事，看她們再次投胎後會不會出落得好看些！經年累月在貧民窟討生活，我看盡人間各種醜惡百態，怎麼會不清楚如何對付男人這種視覺動物，至於對付女人，只要除掉了就好了。如此一來我的來歷沒人知道，神秘的美麗只會引誘眾人目光的追尋跟好奇。除掉了障礙，我只需讓自己成為男人眼中的獵物，成為將軍願意獵捕的對象就好。

我的內心深知，這場舞會就是我飛上枝頭的轉捩點！百般布局也順利成真，即將成為將軍夫人的我，很快地進行下一步，殺了這對姊妹！

我暗中讓人將她們藏了起來，期間以各種名義誣陷兩姊妹，這天我滿懷期待看著她倆終於被送上斷頭臺，正準備行刑的那一刻，催眠回溯師企圖打斷我高昂暴戾的興頭，忽然要我唸懺悔文之類什麼的，來和解與她們之間的仇怨，說若是不和解，會帶來日後諸多的麻煩。但早已喪失心智只想殺人嗜血的我，才不管那些所謂的日後麻煩。

懺悔，是我的事嗎？我只想殺了她們。

在即將行刑，情緒最高漲的時刻，我處死一名通風報信的士兵，殺雞儆猴地警告不能再有任何風吹草動。而且用了更加殘忍的方法處死兩姊妹，無視她們哭跪在我面前的任何懇求，冷笑地看完整個行刑過程……。

從催眠中慢慢甦醒，雙手停不下顫抖，難以置信那個有著險惡心機的前世是自己。明明我可以不必如此，在得到想要的榮華富貴後，大可留下兩姊妹活口，但名利權勢遮蔽了我的良心，一步步的逼死她們，同時種下今世的因，那姊姊就是今生我的老闆。今世她步步逼近處處斷我的生路和未來，這不就是前世我的作為嗎？

無法得知接下來她又會使出什麼樣的心狠手辣，我不禁問自己，如果我在催眠回溯中懺悔了，這一切是不是就會有所不同？

ViVi老師的催眠觀點 永續業力法則

因果業力法則之細微及變化，可能三天三夜都論述不完。但是，因果業力之反作用力呈現方式，常見的有兩種：一種是加害者與受害者的立場對調，另一種則是加害者與受害者場景重現，類似劇情重演，為的是讓兩方能在重複的場景中，淬煉出更寬廣的視野，更圓滿的智慧。

本文中的個案，就是一個加害者被害者角色互換的故事。命運的安排，讓個案由一位熱心，充滿熱忱的員工，一瞬間被官司完全扭轉了原來的生活！其中的不公不義，委屈只能自己承受，但是這些看來莫名其妙的人生遭遇，在個案親眼見到自己的前世經歷後，一切真相大白……。

雖然，個案在催眠中，不願意與對方做心靈的和解，而此後真實的人生發展，對方的索賠金額不但沒有下降，還往上調高並無法再申訴，這無疑加重了高宸更多的經濟負擔！但我並沒有勉強高宸在催眠回溯中一定要去和解兩方的怨恨。一方面，我尊重高宸本人的自由意志，二來，我相信因果法則的永續性，如果高宸執意不肯在催眠中與對方和解，他將會在真實的人生中，經歷一些重大的考驗，讓他體會業力的反作用力。這種加倍的痛苦當然不好承受，但無論業力之火如何燃燒，總會有一個時刻，我們痛苦不堪的心靈，升起了真實接納一切的決心，將我們的個性稜角徹底放下，並且不再起心動念，停止讓嗔恨、對立、啃噬心靈的種種痛苦繼續佔據心靈。這種方式，不也是提醒我們恪守中庸之道的良藥？

當我們的心靈，願意放下被害或加害的執著，上天將降下慈悲的甘霖，熄滅業力之火，重新滋潤我們的心田！

還有什麼比這個更美好的事呢？

課題：解脫糾纏的良藥

美國史丹佛大學創辦了一個「寬恕計畫（Forgiveness Projects）」，是由「跨越個人」心理學學院（Transpersonal Psychology Institute）副教授 Fred Luskin 主持。英國的 Marina Cantacuzino 也在 2004 年成立一個寬恕計畫（The Forgiveness Project），藉由分享寬恕的故事，支持人們用「寬恕」取代暴力、衝突甚至犯罪來解決受害的經驗。

為什麼大家如此重視「寬恕」？Luskin 教授說，大多數人都誤解什麼是「寬恕」，認為它就是與對方「和解」，但「寬恕」並非認同對方對我們的傷害，而是讓我們放下這個事件對自身的傷害，停止繼續受苦。「寬恕」並不一定需要原諒別人所做的事情，但是我們可以停止恨他，也不用再做出敵意的反應。

寬恕的練習最大的受惠者不是別人，正是我們自己。我們有時候認為當下是別人做錯了，其實，我們內心有個小小的聲音，正在譴責自己「為什麼要相信他？」、「為何當時不聰明一點？」、「為什麼我會那樣做？」表面上是寬恕別人，其實，我們真正原諒的是當時的自己。

從這個糾結中解脫，我們會感到輕鬆及豁達，也能夠再拾起活力，打開心扉恢復生活的喜悅。

「寬恕」的冥想練習

首先，請在一個安靜的環境下，放鬆地坐著或是躺著。你可以蓋上小棉被以防著涼，也可以為自己點上一個小蠟燭，薰香或放一首輕柔的音樂，來陪伴自己的冥想過程。室內的燈光請勿太亮，必要的時候，可以跟家人或同住者先知會一聲，以防他們在過程中打擾。手機請記得關靜音，如果怕自己忘記這個引導過程的步驟，可以先錄下這些引導詞，或上網收聽Vivi為大家錄製的語音引導。冥想前請勿吃太飽或是太累，可以避免過於放鬆而睡著。如果在過程中被打斷，或是不小心睡著，請勿掛心。再找

一個安靜的時間，重新聆聽一次冥想引導即可。冥想能力是可以鍛鍊的能力，像鍛鍊肌肉一樣，若讀者在聆聽冥想引導的時候，無法開展超感官能力連結內在的心靈世界，只要多練習即可。

在準備好的空間躺下或坐好之後，請先放輕鬆調息，做三個深深的大呼吸。吸氣的時候，想像溫暖光明的能量，經由吸氣進入自己的身體。吐氣的時候，請想像自己身上的疲累、擔憂、沮喪失落等等能量都被吐氣帶走。在三個大呼吸之後，將注意力放到我們的頭頂。

接下來，想像有一股清涼潔淨的水流，由我們的頭頂緩緩地流動下來，這個水流經過頭頂、臉、頸部和肩膀、流經軀幹及雙手，再流過大腿、膝蓋、小腿及腳踝，再經由腳趾頭流出去。水流經過的時候，我們感到每一吋皮膚，甚至每個細胞都因此而放輕鬆了。我們很舒適地待在此時此刻，不想再有任何移動，並且保持放鬆的深呼吸。

然後，再度專注在呼吸上，吸氣的時候，想像吸進來的氣息是溫暖的金色，逐漸累積在胸口，成為一顆小金球。保持你的深呼吸。繼續觀想這個小金球慢慢地旋轉，散發著力量與溫暖，我們的胸口也開始發光。

觀想一位你想要寬恕的人站在你面前，當他/她出現時，你最想跟他說什麼？接下來，你仔細的聆聽，他想對你說什麼？當你們的對話結束的時候，請你對著他也對自己，說出以下的宣言：「出自於你的恐懼、憤怒及痛苦所給予我的傷害，包括任何形式的傷害，我現在已經準備好，可以原諒你及你所做的行為。我寬恕你，也寬恕我自己。」感受一下胸口的感覺，仍然緊繃？還是逐漸地放鬆了？

接下來再重複以上的宣言兩次，甚至更多次，直到自己的胸口完全放輕鬆，情緒也完全的釋放為止。請記住，如果自己還沒準備好，不要強迫自己一定要原諒及放下。終其一生，我們所面對的，其實只有我們自己，外在的人事物，都是來幫助我們了解內心世界還有心靈的活動。

當你的內心已經慢慢平靜，現在你可以從冥想中回來了。

我從十倒數到一，你會帶著完全的覺知及智慧，回到此時此刻此地！十、九、八、七、……三、二，一！

第13章

掛零的人生

一再努力也無效，業績還是慘澹，金錢之神離我好遠

珍珠是位認真又保守的櫃姐，因工作緣故看盡人間百態的她，仍難得的對這個世界懷抱著一顆善意和溫暖的初心，深信總有一天可以得到幸福。我們相識後，她曾陸續找我進行一些能量療癒，有次她突然苦惱地詢問，是否能有辦法提升自己的業績。

「我們能不能夠豐盛，其實是跟自身對於金錢的觀念有很大關係。」我這樣回答她，經過討論，我們決定透過催眠回溯，來看看珍珠對於金錢的態度出了什麼問題呢？

珍珠的回溯經歷

早上出門前，為了畫出會笑會招財的眼睛，我對著鏡子一次又一次畫著眼線，再來唇線有沒有描得完美，最後確認唇蜜是不是夠晶亮有神。土地爺爺拜託拜託，我今天一定要開市，最好可以跳摳，補一下前幾天掛零的業績！

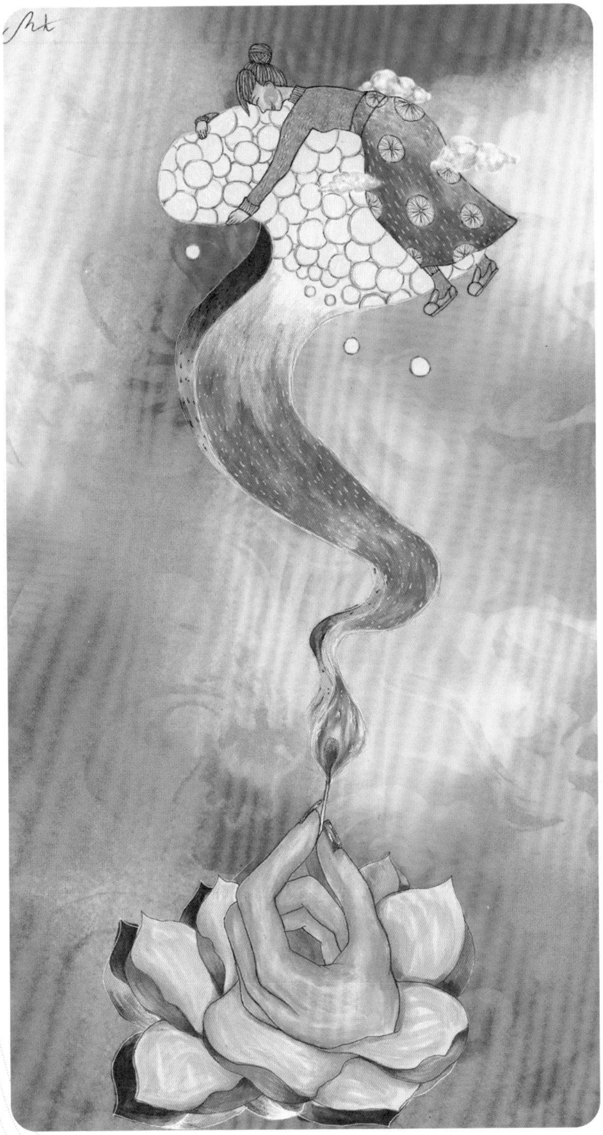

百貨公司大門出入人數的統計面板看來很不妙，今天看來又是一個平淡的日子，眼看鄰櫃不到中午都紛紛開市了，客人滿意地提著一袋又一袋離開。「珍珠，妳今天還沒開市喔，等等走過來的那個客人給妳接好了。」隔壁櫃姊說完後用著讓人不舒服的眼神跟口吻又補上一句「加油啊！」

用了最甜美的聲音招呼客人，卻換來心不在焉地試穿，眼角瞥見隔壁櫃姊微微地搖頭，不由自主地覺得是在針對我。一個上午過去了，我的自信也隨時間流逝而消失，能不能下班前結單呢？

這兩周來，眼巴巴看著同事們才剛營業就可以結單，連非假日也能讓路過的陌生客人買個幾雙，為何她們都這麼順利？她們拜的是哪一尊財神啊？為了眼前的這位客人我已經進出倉庫十趟以上，東挑西挑最後還在嫌折扣比鄰櫃的八五折少，心裡對這位奧客的怒吼一句也沒少，但還是努力擠出笑容。當我開始收拾客人離去後的殘局，隔壁竟然跟來退貨的客人吵起來，我一邊收一邊想著如果自己能吵敢吵就不會這麼憋了吧。

小時候最怕聽到大人的吵架聲了，吵架的理由總是為了錢！有一回爸爸應諾開車載我們出去玩，結果才剛加完油就敗興回家，只因爸媽不知道怎麼開始吵了起來，從帳單貸款一路吵到哪個人家的新家電、新車子，這樣的畫面不斷在我們家出現，什麼都能吵，甚至連離婚都拿出來吵，吵著吵著就真的離了。雙親離婚後我跟著爸爸生活，發現每次開口也離不開錢，學費、班費、戶外教學費，離開學校變成房租水電、手機、油錢等等，都是錢。

收回紛飛的思緒，我回到工作中，雖然很討厭同事們對我鼓勵打氣同時，卻露出一副「都是我們在幫妳」的眼神，但這個月的薪水看來還是要靠著四成的團績撐著了，畢竟佔了四成團績，在她們忙著跑單時我則默默幫忙開單調貨，清點進貨跟整理。

另一專櫃小姐看到我難過的樣子，忍不住說了「哎呀，妳今天運氣不太好喔～」「我最近去上身心靈的課程，聽說可以改善財運……」我像是溺水那樣緊抓著浮木，連忙向她打聽連絡方式，因此開始了我的催眠回溯體驗。

講完自己的問題後，開始催眠，老師先讓我跟金錢溝通，我發現它離我好遠好遠，奇怪的是我自己竟然一點也不想靠近它。這怎麼回事，我是如此的需要錢。

接下來，老師將我帶領到事件的起點，我回到童年時光，年幼的我害怕地躲在門邊，聽著爸爸媽媽憤怒的爭吵及摔東西的破碎聲，錢錢錢的字眼一直出現，沒多久後他們離婚了，身為長女的我承受著生活劇變的壓力，我不知道該埋怨誰，只知道一切都是錢害的！都是錢害我爸媽吵架離婚！都是錢害我跟妹妹變成單親小孩！

老師再度帶領我與金錢對話，這次我試著用一個成熟大人的狀態，恢復理智地看待「金錢」，並且為了過去對它的誤解而道歉，這時金錢跟我的距離，慢慢靠近，最終可以擁抱在一起了。走出心中對金錢的陰影與誤解，我很清楚，我的未來一定會更豐盛更美好！

——ViVi老師的——催眠觀點——童年傷痛帶來對金錢的謬誤感受

人人都需要金錢，可是人人都愛金錢嗎？答案似乎是肯定的。然而，在這些年的個案經驗之後，Vivi發現，能真正擁抱金錢能量的個案，其實只是少數。在我們成長經驗之中，植入了各式各樣與金錢能量相關的經驗；可惜的是，大部分與金錢相關的經驗，卻出自於對於金錢匱乏的恐懼，或是對於金錢能量的誤用，譬如仇富嫉妒等心態，更有甚者，是擔憂金錢會帶來「綑綁與自由」！各種對於金錢能量的誤解，讓我們與金錢的距離越來越遠。

我們的信念，會創造我們的人生實相。如果我們解開誤會金錢的能量，真的能夠豐盛富裕，免於匱乏？本文中的個案，就是在催眠中才深刻體會到她內心深處對金錢的真正感覺，就是「厭惡痛恨」的感覺。這也揭開了為何再怎麼努力，業績都無法提升的真正原因。我們的頭腦，常常欺騙了自己的心，頭腦強硬地切斷了我們的感覺，讓我們成功的戴上面具，騙人騙己。拿掉了頭腦的干擾，內心真正的感受才能浮現，也才能進入療癒的能量流，平衡我們對金錢的感受及觀點，讓金錢恢復它原來應有的影響力。我們的豐盛之門也才能打開。

看完這篇文章，可以靜下心來想想，甚至拿一張空白的紙，記錄下十個我們對金錢的觀點，請勿過度思考，腦海中第一時間出現的觀點，是最接近我們內心的真實。金錢是支援生存的能量，也是支援我們發揮生命潛能的能量。Vivi 祝福大家都能與與金錢建立健康的連結，享受被宇宙所支援的豐盛生活，成為你生命的創造者！

課題：允許自己成為豐盛之人

你可曾注意到，人都有一個慣性，透露著我們與環境場的密語？舉個例子來說，我們常常在一個空間與伴侶吵架，長久下來，我們一進到那個空間，就可能會想要跟伴侶發脾氣，就算他／她沒有做錯或說錯什麼？也有可能，我們常常帶著功課去圖書館用功，也許還習慣坐在固定的位置。若我們長期在那個位置上很用功很專心，就算在未來，不一定要去讀書，但是，一旦坐在那個座位上，會很快變得很專注。

生活需要儀式感，也可以將這種心情帶入我們的物品當中。現在，請在自己的家裡或是工作場所選一張座椅，在心裡將這張椅子命名為『我的豐盛座椅』。請注意，選擇一張你真的可以常常坐著的椅子，甚至是專屬於你的椅子，效果會更好。

「創造豐盛坐椅」的祝福儀式

儀式步驟：現在，站在這張椅子之前，不要坐下，面對著這張椅子，想著所有你生命中最喜悅、輕鬆、豐盛的經歷，盡量的回想起所有的細節。

接著，坐在這張椅子上，先感覺自己與椅子融為一體，然後回想過往豐盛喜悅的回憶。對自己宣告：「一旦我坐在這裡，就會吸引豐盛跟喜悅來到我的生活中。」

接下來就可以離開這個座位。四處繞一繞，再回來坐在椅子上，試試看先清空心念，不要有任何想法，然後感受一下，當你坐在這個位置的時候，腦海中會主動想起什麼事？如果感受到了喜悅及豐盛的回憶或是感覺，你會發現自己的嘴角及臉部表情是輕鬆愉快的。那就表示你已經完成了這個生活小儀式。

未來，請常常坐在這個椅子上。你會發現豐盛與喜悅開始流向你。你也可以用這個方法，去創造「感情甜蜜椅」、「用功必勝椅」、「事業成就椅」等等你需要的主題。但是請特別記住，魔法世界依循著三倍法則，也就是你給出的，會以至少三倍的力量反饋給你。只要你是為了他人著想，為利益這個世界做出善行，這股美好的力量三倍返回到你身上。反之，若起心動念傷害他人，詛咒他人，這股力量也會三倍回饋給你。

祝福大家都能夠共創這個世界的美與善！

第14章

貧窮家族

”投資不斷失利，難以脫貧的家族
我們被詛咒了嗎？

建華的來訪，是為了探索他的家族一直無法脫貧、投資獲利的原因。

從他有記憶以來，家族彷彿被下了魔咒，無論是外祖父或者是祖父那一輩，但凡任何一項鉅額的投資，儘管如何前景看好，總是很快就會敗落失利，甚至讓原來安穩的生活陷入負債累累的困境。

為找出原因，我們開始回顧建華的家族史，探討了他的母系和父系家族，雖然雙方家族的經歷都有投資失利的經驗，但並未找到一個明顯的行為模式，能解釋這個只要一投資就損失的現象，於是，我們決定從催眠回溯來尋找答案。

建華的回溯經歷

在臺灣錢淹腳目、股票漲到上萬點的年代，我們家卻像被詛咒似的，爸爸每次的投資都是慘賠收場，毫無例外，就連哥哥也在投資中失利千萬債務。奇妙的是，好不容易才還完大半債務，兄長卻像是沒事人那樣，仍帶著躍躍欲試的表情繼續遊說著家人、分享著一個個可靠的內線消息。父親跟兄長總是想靠投資發大財，但卻屢戰屢敗，而我總隱約覺得，一切的不順是冥冥之中有個力量在破壞。

大考時候，我因為對數理的天賦順利進入商管學院，拿到學校的這個學位，就等同於獲得了上流社會的半張門票，於是畢業後，我也順水推舟當了理專待在金融產業。奇妙的是，錢永遠進不了自己口袋。幫客戶操作順利賺錢的方案，一旦套用到自己身上就是慘跌收場，好一點則是套牢，幾次經驗後我意識到自己跟哥哥父親一樣，都被一個「無法投資獲利」的詛咒綁著了。這個詛咒讓家道中落的我們，只能遠想過去家族的豐盛時光。對他人而言美好的投資方案，卻成了我的惡夢，我開始在想，是不是應該轉職？

今天我請了假，起床吃完早餐，才上午十點多就躺在療癒椅上等著被催眠，深信家族受到了詛咒的念頭，滲透到我全身細胞，讓我很想知道家族裡到底曾經發生過什麼事情，而我又該如何面對？依照催眠老師的指引，我推開前世的記憶大門……。

我在茂密的樹林間死命地奔跑，後面追殺我的竟然是頭目派來的勇士！我手上的番刀不斷劃出前方的路，後方的勇士的番刀則絲毫沒有要放過我，手上緊握著巫師給的必須要度過難關後才可打開的小錦囊，腦子裡不斷迴響著行前巫師告訴我的「不要怕」。

我看到自己是臺灣原住民，生於荷蘭臺灣時期，殖民當局對台貿易才剛開始穩定，發起征服原住民的行動，與部落頭目們簽定協約，荷蘭人成為該地區領主，原住民為臣。透過定期地方會議，維繫封建關係以及「人民」關係。

我很會與荷蘭人打交道做生意，這讓他族相當眼紅，但意外的，下令殺我的竟是自己部落的頭目。成功躲避追殺，醒來時身負重傷的我躺在漢人的房裡，手中錦囊裡只有一張寫著「不後悔」的紙條。

原以為自己只是暫時屈居在這漢人聚落，沒想到這一待就是一輩子的隱姓埋名，與漢人通婚生子無法回到家鄉，一輩子抑鬱而終。冷靜思索後才發現，原來頭目擔心我為族人帶來豐厚的利益，會讓我的聲勢蓋過他的兒子，擔心荷蘭人很有可能指派我成為頭目，讓一切改朝換代。

難道他不知道我對當大頭目沒有興趣，只想學習海外貿易，想給族人更富有的生活？

壓抑的心結加上對貿易的恐懼害怕，透過血脈傳承，深深植入了家族的信念中而成為今生詛咒的源頭，這難道無法可解？若我早一點跟頭目清楚表明心意與效忠的決心，是否可以繼續發展我的經商長才？這一世老天再一次賜與了財經的天賦，也同時帶著那深植靈魂的恐懼。是希望我學習到什麼？

「不要怕」與「不後悔」，究竟是寫給過去還是今生的我？

ViVi老師的催眠觀點——當恐懼被刻進DNA，先理解才能走向順境

在Vivi的工作中，常常應證了一個現象，就是家族的個性及情緒，會經由DNA的傳承，烙印在子孫的人格特質中！而建華經由催眠回溯，回到祖先的記憶中。

就像本文中所說的，建華的祖先發生了因財利而惹來殺身之禍的沈痛記憶，而且終其一生，可能都沈浸在這個傷痛當中無法自拔。雖然，這個祖先是位三百多年前的原住民（備註：荷蘭建立時期是西元1626-1662年），他的人生故事也沒有被家族傳承下來。但是，他對於「賺錢」然後惹來「殺身之禍」的信念，深深地刻劃在子孫們的DNA當中；而子孫們，也同樣地因為這個信念的印記，顯化出一個又一個失敗的投資。

當建華瞭然了自己身上所刻下的信念印記之後，他的人生開始走向順境。建華原先只知道自己擁有一部分原住民的血統，其他的家族故事一概不清楚。但是當他經由回溯，身歷其境地體會了先祖的心情及故事，他家族的秘密被揭開，家族業力的影響開始化解……。他自己的投資與事業，也開始漸入佳境。

這位個案的先祖故事，還刻劃了三百多年前原住民、荷蘭人與漢人之間的政經環

境。在建華回溯之前，Vivi與建華都不知道三百多年前，原住民曾與荷蘭人曾有密切政經往來的這段台灣先民歷史，在他回溯之後，我們發現建華的祖先故事，印證了當時的社會情境！

建華的回溯經驗非常珍貴，我們對於人類意識的探索還有許多發展的空間，希望藉由這些研究，可以讓我們對潛意識世界的運作方式，有更多的瞭解！

課題：釋放對「擁有金錢」的不安全感

我們對於自己生存在這個世界中，時常充滿著「不安全感」或是「不配得到」的匱乏感。除了生命重大事件的影響之外，我們也會經由原生家庭的身教言教，還有血脈相承的DNA記憶建構了自己對於「生存的安全感」的觀念。

如何觀察一個人的存在安全感？

可以觀察他人生中金錢能量的流動。平衡的「存在安全感」跟擁有金錢的數量多寡並沒有絕對的關係，每個人的先天財富會受到福報與因果業力的影響。但是這個美麗的星球，我們的大地之母，祂源源不絕的愛，支持每個人像一棵昂然的大樹一樣，自在地展現生命的存在。擁有生命就是宇宙送給我們最大的禮物，也是我們一出生就收到的禮物！

一旦連結到大地之母的豐沛能量，我們所產生的「生存安全感」就會帶來心靈的豐盛與喜悅！這個無關乎名利資產及存款數量，而是我們內在心靈的轉化！每個人都值得擁有被大地之母支持的幸福。

「召喚豐盛財富」的冥想練習

首先，請在一個安靜的環境下，放鬆地坐著或是躺著。可以蓋上小棉被以防著涼，也可以為自己點上一個小蠟燭，薰香或放一首輕柔的音樂，來陪伴自己的冥想過程。室內的燈光請勿太亮，必要的時候，可以跟家人或同住者先知會一聲，以防他們在過程中打擾。手機請記得關靜音，如果怕自己忘記這個引導過程的步驟，可以先錄下這些引導詞，或上網收聽 Vivi 為大家錄製的語音引導。冥想前請勿吃太飽或是太累，可以避免過於放鬆而睡著。如果在過程中被打斷，或是不小心睡著，請勿掛心。再找一個安靜的時間，重新聆聽一次冥想引導即可。冥想能力是一種可以鍛鍊的能力，像是我們可以鍛鍊肌肉一樣，若讀者在聆聽冥想引導的時候，無法開展超感官能力連結內在的心靈世界，只要多練習即可。

在準備好的空間躺下或坐好之後，請先放輕鬆調息，做三個深深的大呼吸。吸氣的時候，想像溫暖光明的能量，經由吸氣進入自己的身體。吐氣的時候，請想像自己身上的疲累、擔憂、沮喪失落等等能量都被吐氣帶走。在三個大呼吸之後，將注意力放到我們的頭頂。

接下來，想像有一股清涼潔淨的水流，由我們的頭頂緩緩地流動下來，這個水流經過頭頂、臉、頸部和肩膀、流經軀幹及雙手，再流過大腿、膝蓋、小腿及腳踝，經由腳趾頭流出去。水流經過的時候，感到每一吋皮膚，甚至每個細胞都因此而放輕鬆了。我們很舒適地待在此時此刻，不想再有任何移動，並且保持放鬆的深呼吸。

接下來，想像前方有個美麗的森林步道，我們開始往前走，在這個過程中，觀察有哪些花與樹或是風景令你印象深刻？如果你在旅途中遇到其他人，他是誰呢？記下這些答案，如果記下答案的時候打斷了你的內在視覺之旅，就不要刻意去記憶，優先專注在你的內在心靈世界。

接著你會來到一個美麗的大草原，選擇一個舒適的地方坐下，接著請你的父母親前來，無論他們是否已經在另外一個世界，都沒有關係，依舊請他們前來。如果您是被領養或是沒有見過親生父母親，請觀想一男一女即可，但是在內心，請認同他們是你血緣上的父母親。

接著，對父母親說出你累積在心裡很久想對他們說出來的話。無論是思念或是遺憾，甚至是誤解或傷害，請在此時真心誠意地訴說出所有的想法，並且勿用道德評斷或是邏輯推論去分析自己的想法。如果可以的話，請直接說出口，我們的語言非常有力量。說出口會使這個練習的效果更好。

接下來，看看父母親是否有話跟自己說？仔細聆聽他們的話語內容，他們的表情及肢體語言。當然，依照每個人的心靈視覺的強度不同，有些讀者一開始不一定能夠完整地完成這些細節，但是請別沮喪，多多練習就會有很大的進步。當聆聽完父母的話語之後，我們可以再次與他們溝通。

當你完成與父母親的溝通，請你面向父母親，對他們深深一鞠躬，並且謝謝他們。請跟著說以下的引導詞：「親愛的爸爸媽媽，謝謝你們給我這個生命。讓我有了體驗人生的機會。現在，我將你們對於我在金錢上的觀念及影響還給你們。」接著，感受一股原本在跟自己與父母親之間，磁鐵般的抓力，漸漸的消失。當這個抓力消失之後，謝謝父母親的到來，目送他們遠去。

接下來，想像自己從膝蓋以下，長出兩個像樹幹一樣的強壯樹枝，牢牢地深入大地母親豐沛的懷抱之中，直到地下約三十公分的地方。此時，你感受到大地母親強壯又充滿愛的能量，不斷經由你的腳心送到身體裡。你可以想像這股鮮活的生命能量沿著你的脊椎往上，直到頭頂後繼續向上，在頭上大約三十公分處向外擴展，成為一棵綠樹般的形狀。想像自己的四肢軀幹如同大樹一樣盡情展開，無所畏懼且充滿力量。這樣的練習可以持續三到五分鐘，直到你習慣腳心不斷地接收大地之母的豐盛能量。

當做完了這個練習之後，從你的內心深處，感謝大地之母給予全然的愛與滋養。送給大地之母一份禮物，可以是你的親吻，你的一根頭髮，或是做一件善事的承諾。接著我從十倒數到一，你會完完全全地回到此時此刻此地。

十、九、八、七、六……、三、二、一！現在，請慢慢張開眼睛，動一動你的四肢身體，你已經完完全全回來了！

第 14 章 >>

貧窮家族

第15章

獨處的鬼魅時刻

”心悸恐懼頻頻來襲

陳鈺是位生活無虞的老闆娘，與富商老公感情融洽甜蜜，雖然偶爾難免有著膝下無子的遺憾，但是他們轉而將時間及注意力投入經營家族事業，日子過得非常幸福充實。

在看似熱鬧的生活之下，陳鈺卻有一個困擾許久，卻始終找不到原因的難言之隱：她無法一個人獨處。

從小到大無論在哪，陳鈺的身邊一定要有家人或朋友的陪伴，每當她發現只剩她一個人時，身體就會不自主出現心跳加速、手腳冰冷無力等症狀，彷彿虛空中會突然

出現一雙怪物的手將她抓住。雖然曾經嘗試各種治療途徑，甚至採用藥物控制的強烈手段，可是那種無來由的心悸恐懼，仍然一直無法減緩……

陳鈺只能消極的盡量不讓自己落單，顫抖著和內心未知的恐懼奮戰，直到她推開我工作室的大門，希望能借助催眠回溯，找尋一切的根源。

陳鈺的回溯經歷

現在的大樓越蓋越高，各家辦公室似乎要駐紮在雲端般的頂樓才顯得氣派，這讓我很厭惡，因為只要身旁沒有別人，那鬼魅般的恐懼就能瞬間化為怪獸將我吞噬，我總是故作鎮定地搭電梯，也總在臨界崩潰的那一刻衝出，瀕死的恐懼跟重生的感受不斷地在生活裡無限循環著，不知道何時才能終結。

這次嘗試用催眠回溯的方法，想找到原因，隨著老師的指令，記憶的盒子被打開，過往的一切開始出現。

八歲的我被人抓走，堵住了嘴塞進了木箱，驚嚇跟眼前的漆黑讓我不停啜泣，透過縫隙聽到的交談聲知道這一切似乎都是為了錢。我瞄到了一張臉，是經常出現在我們生活中的叔叔，看著他跟母親打情罵俏，聽著他們連日的對話，我才知道這是母親與他自導自演的綁票，為了就是奪走父親的古堡跟財產。

叔叔發現關在木箱裡我的目光後，覺得我會洩露整個計畫，不顧與母親的協議，徑自打開木箱用亂棒將我打死。我那一世最後的記憶，是看到父親抱著贖金跑來，聽到母親尖叫跟父親的哀嚎，我的身體好痛好痛，眼睛也沒有睜開的力氣，囚禁的木箱也成了我的棺木。

透過催眠打開了因果關係，在西元十九世紀歐洲小鎮的那些人、那些事、那些錢財早已灰飛煙滅，只剩下那小木箱的黑暗恐懼伴隨著我來到二十一世紀，雖然催眠敲開了木箱記憶的鎖，卻無法釋放我在木箱裡頭那驚嚇的靈魂。因此，老師開始導引我，穩定我前世死前的情緒，並且療癒了我的驚嚇與身體的痛楚，讓我的意識及魂魄，平靜地脫離身體的羈絆。

接著老師又帶我往前一世，那時我同樣是個歐洲鄉間的八歲小男孩，因為貪玩，在比賽爬樹時將旁邊的小女孩推下樹，導致她雙腿殘疾需要終生坐輪椅，而那小女孩，正是在歐洲那世策劃綁架我的母親。長大後的我完全不愛她，卻不得不娶她，責任將我們綑綁在一起，彼此的怨恨讓我甚至想要害死她。

因果業力的影響極大，它不會錯過任何一個小細節，無論是思想、語言及行為。心中想要殺死殘疾妻子的怨念，在我成為她兒子之後，沒有絲毫偏差地將這業力送回給我，砸向我八歲的瘦弱身體。我死之前受亂棍棒打的痛楚，就是前一世以粗暴的語言，冷漠情緒殘忍對待殘疾妻子的時時刻刻，是她心中所承受的痛苦！老師帶領我與殘疾妻子和解之後，引導我走入一個狹小的電梯中，冰冷的門無聲關起，我獨自處在箱子般的電梯中。老師問我的感覺，我發現自己呼吸平順，甚至能夠冷靜地清楚描述電梯內的裝潢細節。

我很清楚地知道，自己再也不怕獨處了。

ViVi老師的催眠觀點

被禁錮的受害者死前意識殘存

前世記憶對我們的影響中，有一個比重特別大的部分，就是死前記憶。死前的情緒張力如果到達某一個臨界點，就會在我們的靈魂記憶中形成一個糾結的能量點，並且在今生繼續經歷這個情緒。這也是我們有時候會感到無來由的恐懼、擔憂，甚至沮喪的原因之一。Vivi有位好友，完全無法讓別人從背後無預警地碰他背部，他會產生巨大的毛骨悚然的疹子及驚慌！直到Vivi為他揭開前世記憶的面紗，他才放下前世等待被處決砍頭的靈魂印記，解放了他背部的自由。

臨終前的遺憾，或是經歷了劇烈死亡帶來的高度張力情緒，都可以因為穿梭時空得到重新圓滿的可能。若今生有憾，還想在來生兜兜轉轉，讓命運為我們佈置好舞臺，場景及人物，讓我們再次經歷鋪陳的戲碼，然後老戲重唱嗎？若今生有憾，盡量找機會處理遺憾的事件，不要在未來世再重新經驗一次考驗，會是一個更好的選擇？

也許，我們今生許多受苦的經歷，都是前世人生未完結的續集。在今生老戲重現的時刻，我們可以選擇讓『我執』的習性及行為模式作主，任由自己發洩負面情緒，加上強烈的愛恨情仇調味劑，然後將小怨仇演變成為更大的事件之後撒手不理，然後在某個來世繼續重演更加強烈麻辣的升級版。還是能有其他的選擇？

當智慧可以接手習性的主控權。我們是否可以感謝所有的劇中人，都是人生大戲的最好夥伴，讓我們重新體會一次過往事件的心境及遺憾，然後看穿幻象攜手大笑？也許，這不是件容易的事，但是我們的解脫之路，不就是一層一層地卸下小我執著盔甲的旅程嗎？

課題：轉化極度負面的記憶

人腦中有將近一萬億個細胞，其中有八百至一千億個神經元細胞，每個神經元平均有一萬個突觸，連結到其他的神經元。強烈的心靈活動，例如非常開心或是激烈的憤怒，會在神經結構當中留下持久的印記，此人就會展現一個較為長期的心理模式，也就是一種特定的心理狀況。

現代神經科學中有一個很重要的發現，就是神經可塑性。經由刻意的引導及訓練，可以重塑大腦的放電模式，並重塑大腦結構。這也意味著我們可以重塑較為負面的心靈印記，將其轉化為正面美好的心靈印記。

這裡要介紹一個實用且簡單的方式。我們可以轉化過往經驗，無論是發生於今生或是深藏在潛意識的記憶中，都可以重新鍛鍊我們的大腦，轉化負面情緒導向喜悅幸福的感受。

「重塑心靈印記」的二十一天作畫

請準備一隻黑色簽字筆及一盒上色用的著色筆，像是蠟筆、色鉛筆甚至水彩都可以。再準備二十一張紙及一顆手掌大小的石頭。石頭最好有一個扁平的面，以利我們作畫。

每天在固定的時段，拿出一張紙，回想自己最沮喪失意，或是沈浸在難以放下糾結情緒的時候。一邊用黑色的簽字筆在紙上塗鴉，隨著情緒去畫，就算只是雜亂的線條都可以。

接著，仔細研究這些情緒下的線條或是創作，再用黑色簽字筆增添這些創作的內容，將其化成一幅美麗的圖畫。這一點都不難也不複雜，我們可以將其畫成花朵，愛心，或是美麗的圖案。再來用著色筆上色。上色完好好欣賞一下。

仔細收好這張圖畫，請連續做二十一天。當二十一幅轉化情緒的創作完畢，可以開始作畫在石頭上。

這次，請再感受一下內心，你還有什麼情緒無法放下？將這些情緒畫在石頭上，接著，如同前二十一天練習的。再將其變化，畫出美好的圖案以及著色。

將石頭拿到公園或是野外，用虔誠的心，將石頭送給大地之母。感受一下，石頭回到大地之母懷抱時的喜悅，也將我們個人的喜悅及幸福，送給大地之母。請記住此時的感受。經過這二十一天的鍛鍊，我們長久習慣的負面情緒，已經轉化為幸福喜悅與美麗。這個練習一點都不難，但請記住，無論在創作過程中有任何你不滿意的地方，不要擦掉，只要將它再度的美化就可以。人生沒有回頭路，但是只要我們有意願，隨時都有機會改變自己的覺受，我們看待世界的觀點也會因此不同。

獨處的鬼魅時刻

第16章

棉花糖女孩的創傷

第101次減肥計畫和復胖的無限迴圈

小雨是臺南人，那天她冒雨搭高鐵前來臺北，一推開門進來工作室的時候，映入我眼簾的是一張甜美的臉蛋，長髮披肩的她有著明亮的眼睛，看起來非常聰慧的模樣，再往下看到她的衣著打扮，我有點微微訝異她的豐腴。長年工作中大量接觸形形色色的個案，她的豐腴遠超過天生該有的均衡身形標準。在討論想要探訪的催眠主題時，她逐漸卸下心房，提出了是否可以知道一直無法減重成功的疑問。

「當然可以。」我解釋道：「催眠中，可以深入潛意識，回憶起表意識忘記的細節和所有事件，還可以喚醒我們靈魂本有的智慧，引領我們揭開關鍵的原因。」

就這樣，我們達成共識，小雨開始了她的催眠回溯探險。

小雨的回溯經歷

「注意妳的眼神！我要的是高傲自信的魅力眼神，不是那種勾三搭四的亂放電！如果那些下半身思考的傢伙把手伸向妳，就用眼神殺了他！」

八大行業裡的男人靠的是兄弟和膽識，女人則是幾分姿色再加上貨真價實的本領，不認識我的人，絕不相信體型龐大的我，竟然可以調教出一群叱吒各大酒店的鋼管舞者！男人們用大把大把的鈔票給女孩打賞，就是想要她們，但除了打賞，其他的想都別想。我深知如何引燃他們的慾火，更擅長於讓他們看得到吃不到。跟我走跳的女孩就得遵守規定，不准勾引客人，更不准跟客人上床。

手上幾個紅牌收入都比我高很多很多，但身邊諷刺的話沒少過，我那自甘墮落的身材，相較於那些腰是腰、腿是腿的女孩，是個絕對醒目的目標。我並不是沒想讓自己瘦下來，也想過如果有著纖細苗條的身材，加上臉蛋和身手，在業界一定沒有對手！

「我為什麼可以忍受自己這麼胖？」這輩子都在問自己這個問題，也一直在減肥和復胖中不停來回，我喜歡苗條的自己，但瘦下來這件事卻總是讓我心裡湧出一股深層的焦慮不安，直到在催眠中看見這肥胖詛咒的源頭，同時伴隨著一股深植在心的厭惡！

催眠回溯領著我回到小學五年級，因為比同齡女孩更早進入青春期，身體的成長引來男老師有色不善的眼神，以及用言語在我身上做文章，說我太愛漂亮才會成績差等等，甚至在課堂上說我不用功將來就只能去跳脫衣舞！討厭那對我上下打量的噁心眼神，更不想聽到輕蔑話語的數落，我不知道該怎麼辦才好，直到我開始變胖變腫，看著男老師一臉嫌惡的表情，才欣喜發現原來肥胖可以保護我遠離那些痛苦跟恐懼。

小時候經歷過的那些不懷好意的訕笑和色瞇瞇的眼神，已成為我厭惡跟恐懼的一切源頭，負面信念越強烈，我就越放任身體逐漸變形，在潛意識的自我保護中，「只要變胖了就沒人可以傷害我」的信念，陪我度過無數的青春歲月，我的青春美貌只能活在想像中，或者根本沒有。

若非藉由催眠回溯打開過去暗黑記憶，我的人生可能將消失在不斷地否定自己的殘酷現實裡。

當成人的我在意識世界中與國小五年級的老師再次重逢，往昔身影高大令我畏懼的他，現在只是一個黯淡的身影。我鼓起勇氣再次地看著，更加確定那是個就算擦身而過我也不會多看一眼的人。在催眠中對老師說出了埋在心中的種種情緒，也同時深入瞭解他的心靈世界，突然間我體會到他也是在言語霸凌中長大，也有自己許多人生的苦。當他的內心世界毫無保留地暴露在我面前的這一刻，我很自然地放下了怨懟，他對我的影響也自然消散了。

我不再需要過胖的身形來保護自己，男人的有色眼光以及輕佻話語已不能再傷害我，回不去的青春就算了，至少不用再回到那自我詛咒的迴圈裡，現在我終於可以用釋懷的心態帶著我的女孩們繼續賣力演出。

ViVi老師的催眠觀點——自我保護機制啟動，就算表意識也無法撼動

我們的記憶真的是對的嗎？

小雨一直以來，認為小時候開始發胖的原因是於飲食習慣還有壓力，所以在成長過程中，多次減重，但是效果總是不如預期……。

我們的潛意識，有時候比我們還瞭解自己。小雨進入潛意識的世界後，才知道，肉肉的身形，其實是她的保護色。

看清楚這個影響身材的源頭之後，小雨的思緒飛快的找到生命中其他的事件來佐證了這個長久以來的糾結！她曾經有一度快要成功的完全減重成功，當她又感受到男人們不懷好意的目光與揶揄輕挑的話語之後，她的減重計畫及毅力，又很快地被她拋到腦後！原來，在她尚未瞭解真正的原因之前，會下意識地用體型來保護自己，因而難以瘦下來！

成年人看待事情有時也會判斷錯誤，更何況一個十來歲的孩子？孩子不具備成熟的處事智慧及勇氣，只能用自己的方法解決。久而久之，這種慣性的解決方法，會深深植入我們的行為模式，我們自己卻很難察覺。催眠回溯可以幫助我們回到事件的原

始點，重整意識並加以平衡，也可以讓我們更有智慧更成熟的眼光及心態來重新審視我們生命中的經歷，自主地修正行為模式，而且這一切過程都是出於當事人的自由意志，不是經由大道理的勸說或是因為屈從於社會價值觀。

課題：看清真相導正誤會

我們的記憶模式還有一個特點，就是「只想看到我們想要看的」，而且強度會隨著我們帶著情緒在腦海中回放次數越多，越來越強。舉個例子來說，假設一對姊妹，母親曾經給妹妹吃冰箱過期再加熱的食物，卻買了外食回來給自己及姊姊吃，造成妹妹心裡感覺非常的不公平。

姑且先不探究當時母親這樣做的原因，但是對這位妹妹的影響，就是她成長過程中不斷地用「吃」來試圖彌補當時心靈創傷。雖然她成年後對自己很好，隨時隨地都有機會享用美食，但是她一旦在食物有關的事件中感覺被偏待了（例如送菜太慢，點錯單），過往的創傷就會浮現，她又成為一個任性的小女孩開始抗議發脾氣要求公平。

如果只是在問題的表像處理創傷，像是原諒別人的點錯單或是工作中的失誤，其實都未達創傷的核心根源。催眠回溯的方式可以直達問題的核心，療癒心靈的創傷。為何在潛意識狀態中，可以讓個案自主地說出何者對他／她影響最深的根本事件或原因？

就是因為當我們的腦波成為「被催眠態」的時候，可以連結我們自己本已俱足的圓滿智慧，穿越我執的偏見，為自己帶來了問題的解答。

「探索生命經驗」的心理技巧

在心理學中這是屬於「語言引導」的方式，用來引導慢慢展開創傷核心，可以請朋友協助或是自己進行：

（一）請他人協助的方式

朋友坐在你的對面，兩個人都要在一個情緒平穩的狀態中。然後你開始對朋友說出一件事，帶著情緒去說出來，然後朋友只要不停地發問：「這是真的嗎？」請注意要提醒朋友，完全不要被你的情緒及故事所干擾，只要平靜且持續地發問：「這是真的嗎？」即可。

例如：

A：我很討厭我的老闆及工作。

B：這是真的嗎？

A：其實，他們給我壓力太大。

B：這是真的嗎？

A：（感覺了一下……沮喪浮現）我常常擔心我不能如期完成工作，為什麼同事都表現的這麼好，我卻一點都沒有動力及想法，能拖就拖，我也擔心我做不好。

B：這是真的嗎？

A：（靈光一現）我根本不喜歡我的工作！

B：這是真的嗎？

A：我想到我曾經很喜歡 XXX 的那一類工作！我想我該換行業了。原來我喜歡那種工作！

……可以繼續進行下去……也可以到一個小結論之後停止。

注意無論 A 說出什麼驚人的話語或是評斷，B 請勿將入注意力放在 A 話語的內容，只要平靜地繼續發問就可以囉！

（二）獨自一人進行

請準備兩個椅子面對面或者是兩個坐墊。請坐在其中之一的椅子先訴說自己的感覺，再坐到對面的椅子，面對自己剛剛坐過的位置。請做幾個深呼吸清空剛剛的情緒之後，用沈靜的語氣對著原來的椅子發問：「這是真的嗎？」然後再坐回原來的椅子，繼續訴說情緒。這樣一來一往可以好幾次。

無論使用上述（一）或（二）的技巧，請注意切勿涉入所有的是非對錯甚至道德評斷，而是專注地傾聽與同理，不用執著於話語的內容與過往的故事，就算自己說出很驚人的話語，我們只要對自己的心說一句：「我看見了」並且讓其自然的流動即可。

所有的情緒都是一種暫時的狀態而非永久的狀態，一如花開花謝，有生就有滅。有情緒是一種自然的狀態，但是緊抓著過去的情緒不放，就無法順流自在於自然大道的循環中，我們也因此損失了很多的人生風景，這不是一件很可惜的事嗎？

第17章

無感的局外人

冷眼看世界的靈魂 如此寂寞

第一次看到蝴蝶時，她是位身材均衡健美的專業運動員，個性也非常溫和踏實，她是為了感情的事情找我，但是當我們聊得更加深入時候，我卻發現了她擁有著和常人不同的特別性格。

多數的人在談到關於自己生命中的起伏或者是困頓時，通常都會有情緒相對激烈的反應表現。但是當蝴蝶在描述她的人生歷程時，彷彿只是在訴說著別人的故事，只有淡淡的喜，淡淡的怒。

我仔細的觀察蝴蝶，她不是屬於過度壓抑自己性格的類型，就只是一派的淡然。

但是那種淡然並非自在從容，而是帶點游離飄飄的茫然，沒有動力核心。難道她不在乎她的家人或伴侶嗎？我的心中升起了這樣的疑惑。

依照多年工作經驗，想要用催眠來看到前世與今生關聯的個案，大多都是非常注重人間的情感，才會願意花費時間跟精力來看到他與重視的人之間的連結。既然如此在意，我們還是決定運用催眠回溯來揭開蝴蝶的前世之謎。

蝴蝶的回溯經歷

這輩子做甚麼事情，最常被大家說我都心不在焉，但我也真的沒有對甚麼事特別感興趣，任何事對我來說都像是可有可無，不在意也不會讓我放在心上。從小到大就這樣索然無味的過日子，一直以為這是我的個性使然。

直到催眠回溯老師指引我看到上一世，我才知道我內心習以為常那種飄飄蕩蕩的感受，原來是來自我的靈魂記憶。

沒想到我的魂魄，曾經在人世間飄盪四百年。

早在五胡亂華的時代，那一大段複雜也沒人搞懂的歷史洪流裡，我曾經歷經一個特別的死亡經歷。我看見在西元420年，劉裕篡位建立劉宋，開啟南北朝時代，東晉亡，而我是一個趕路的旅人。一日，我走進了一個很大的石山，我看見我自己在山林間不斷趕路，不斷迷路。不知道是為了躲避這亂世的盜賊追殺，還是尋找心中的世外桃花源。我日復一日的趕著路，沒有察覺自己的異常，外界的變化似乎已跟我無關。

直到催眠回溯老師的聲音傳來：「你需要休息嗎？你如何吃飯？」，我才發現我已不需要吃飯睡覺，卻怎麼也走不出這個石山。老師的聲音再度傳來：「你現在是靈魂還是擁有身體？」，這才驚覺我已經脫離了肉身的狀態，原來，我在這微妙的時間維度裡已經飄盪了許久卻絲毫沒有察覺。

老師問我：「後來呢？」我說直到有一天，天空開了一道裂縫，金色的光透進來，我很自然地隨著金光上升，才結束了不斷趕路的靈魂飄蕩。老師問我這樣經過了人間多久？我很直覺的回答她四百年。

老師請我重返那一世還有肉身的時候，我倒在深林中，又餓又累，快要睡著的時候，以我今生的知識，我知道那個即將到來的睡眠將會帶領我的肉身步入死亡，但是上一世的我在極度的疲累中，魂魄恍惚未覺。老師要我平穩心情，持續深長的呼吸，引領我的靈魂，帶著完整的能量，安詳地脫離身體。

生命的意義何在？死亡又如何定義？飄盪的魂魄啊，你要我今生從那遊蕩的四百年間學會什麼呢？死亡對很多人來說也許很讓人畏懼，但對於經歷過四百年飄盪的我來說，我只知道，無止盡的飄盪才是最恐怖的夢魘。

改寫夢魘能不能翻轉我今生的命運？我也好想當個會痛哭會大笑、有血有肉的人，錯過的故事已經太多了，當我再度醒來時，只希望能擁有一段刻苦銘心的愛情，就算狠狠痛一回，也心甘情願。

ViVi老師的——**催眠觀點**——

四百年的孤寂魂魄歸位

在人身滅盡，靈魂離開肉身但尚未投胎的這段時間，稱之為『中陰身』。以佛經中來論，這個過程通常會經歷七七四十九天，但是，很多意外事件卻不適用於這個規則。

蝴蝶的經歷非常特別，一開始她是在山林間迷路，後來她在催眠中，不斷重複著在山林之間趕路的情境。我問她：『妳以什麼維生？妳在哪裡休息？』蝴蝶回答她不需要飲食，也不用休息，只是重複地趕路，這才揭開這個謎底。其實她肉身已死亡。但是在她靈魂的意識中，並未察覺自己的改變，只是依照慣性的執念要趕路，直到飄盪了四百年之後，有一天，她看到天空降下一道光，才得以進入光中，繼續靈魂的旅程。

這個長久的飄蕩，在蝴蝶的靈魂記憶中，深深地銘記了孤獨無助的感覺。因此，在今生的生命中，蝴蝶常常沒來由的覺得與人群的連結很平淡，生命中似乎也沒有太大的興趣及追求，這個就是靈魂印記的影響。

在明白蝴蝶的經歷之後，我在催眠中，引導她進入一個特別的能量場域，再為她聚合飄渺的意識能量。並將靈魂碎片的能量融入她的物質身體。這整個過程中，蝴蝶都是經由我的引導，啟動自己的能力完成整個內在視覺及感官系統，收回自己的能量碎片並且歸位。

蝴蝶在幾個月後，又安排來做一次催眠回溯，這次是聚焦在別的主題。當我看到她的時候，她明顯變得更加快樂，神采飛揚。整體能量比上次更加飽滿光彩。說到她與家人朋友的關係，也開始有了許多的動力。之前她聊到自己與母親關係，是彼此相依為命，互相扶持，但是總有一個奇異的生疏感。但這一次看起來，她與母親相處的疏離感覺已經被拿掉，與母親的互動已經可以談笑風生。蝴蝶總算能夠打開她的心，讓她的家人朋友接近她的內心世界，或者是說，她自己也能更加貼近自己的內心世界了。在第一次催眠之前，蝴蝶的個性是個非常溫和具有同理心的人。但是在歷經上一次的催眠之後，我感覺她與別人的相處，添加了更多人性的溫度。

值得一提的是，她在催眠中看到她的主神是關聖帝君。在催眠後的訪談，她也提到那陣子的生活經歷，與關聖帝君特別有緣。我很開心的看到一個原本飄渺的靈魂，走到了回家的路。跟她聊了一下要如何與神連結、與神溝通之後，我就鼓勵蝴蝶，將來她更加可以信任自己的直覺，為自己的人生做決定。

在那一次之後，她並沒有再與我預約催眠回溯。但我很為她感到開心，我相信，她已經開始可以獨立走自己的人生路，而且，這一次，是帶著完整的能量與生命的活力！

課題：化解失魂落魄的關卡

在轉世的經歷當中，有時候會歷經強烈的生死關頭，情緒爆發，極度的驚嚇，甚至是過度的哀傷，這些經歷會讓我們在那個時刻滯留了一些靈魂的能量在那個時空中卡關。這樣的情形不只發生在前世，在今生或者是在母親胎內時期都有可能。

有個成語『失魂落魄』正可以形容這樣的情況。靈魂碎片帶走了一部分的能量之後，此人就會記憶力不佳，難以集中注意力，很想努力卻都徒勞無功……因此，拿回靈魂的碎片能量，有助於我們活出原來該有的鮮明人生。

「收回靈魂碎片」的冥想練習

首先，請在一個安靜的環境下，放鬆地坐著或是躺著。你可以蓋上小棉被以防著涼，也可以為自己點上一個小蠟燭，薰香或放上一首輕柔的音樂，來陪伴自己的冥想過程。室內的燈光請勿太亮，必要的時候，可以跟家人或同住者先知會一下，以防他們在過程中打擾自己。手機請記得關靜音，如果怕自己忘記這個引導過程的步驟，可以先錄下這些引導詞，或上網收聽 Vivi 為大家錄製的語音引導。冥想前請勿吃太飽或是太累，這樣可以避免太放鬆而睡著。如果在過程中被打斷，或是不小心睡著，請勿掛心。再找一個安靜的時間，重新聆聽一次冥想引導即可。冥想能力是一種可以鍛鍊的能力，像是我們可以鍛鍊肌肉一樣，若讀者在聆聽冥想引導的時候，無法開展超感官能力連結內在的心靈世界，只要多練習即可。

躺好或坐好之後，請先放輕鬆調息，做三個深深的大呼吸。吸氣的時候，想像溫暖光明的能量經由吸氣進入自己的身體。吐氣的時候，請想像自己身上的疲累、擔憂、沮喪失落等等能量都驚被吐氣帶走。在三個大呼吸之後，我們將注意力放到我們的頭頂。

接下來，我們想像有一股溫暖柔和的金色的光，由頭頂緩緩地流動下來，這道金光經過我們的頭頂、臉、頸部肩膀、流經軀幹及雙手，再流過大腿膝蓋小腿及腳踝，經由我們的腳趾頭流出去。金光經過的時候，我們感到每一吋皮膚，甚至每個細胞都因此而放輕鬆了。我們很舒適地待在此時此刻，不想再有任何移動。並且保持放鬆的深呼吸。

接下來，想像前方有個美麗的森林步道，我們開始往前走，在這個過程中，觀察有哪些花與樹或是風景令你印象深刻？如果你在旅途中遇到其他人，他是誰呢？記下這些答案，如果記下答案的時候打斷了你的內在視覺之旅，就不要刻意去記憶，優先專注在你的內在心靈世界。

接著你會來到一個美麗的大草原，你可以在大草原上坐好或是躺下，抬頭看向天空，現在的天空是神秘靛藍色的星空，數不清的星星讓我們看不盡宇宙的盡頭。閉上眼睛，想像你的前方，出現了好幾個星球，這是你曾經遺落了靈魂碎片的時空，你對這些星球宣示：『我失落的一部分啊，曾經我們因為意外而分離，但是我們的連結永遠都在。現在，我已經準備好，迎接你們回到我這裡。這裡才是你的歸屬之地，請你們沿著我們的連結銀帶回到我的靈魂之中。讓我們重新接納彼此，互融為一。』

接著，你會看到這些星球上出現了一些細緻的光點向自己飛來，當這些細緻的光點越來愈近，你可能會看到一個人影，跟你很像或是完全不同甚至不同性別，也有可能沒有人影，只是純粹的光點。

當你要接納這些能量回到自己體內的時候，注意到他們是否有不願意或拖延的情況？如果一切都很順利，請注意他們從哪個地方回到體內？如果有能量抗拒回到體內，請你耐心與它溝通，詢問它為何不願意回來？如果它展現了一個過往的回憶，或是一個人格，請你耐心真心地問自己，是否想要這段記憶，這個人格回到自己身上？如果答案是肯定的，請張開雙臂，迎接這個能量，進到自己的心輪，感覺與自己的能量充分融合。

當這些能量都依序回到體內的時候，釋放那些星球，讓他們回到自己原來的行星軌道上。再檢查自己的感覺，看看有哪裡特別淤塞或是腫脹？用自己的雙手在淤塞的地方輕輕畫圈，直到這股能量被自己消化了為止。

當你做完了這個練習之後，從你的內心深處感謝宇宙的恩典。接著我從十倒數到一，你會完完全全地回到此時此刻此地。

十、九、八、七、六……、三、二、一！現在，請慢慢張開眼睛，動一動你的四肢身體，你已經完完全全回來了！

第18章

誰是霸凌者

不公平的社會中，非對稱友誼的傷害？

易安出生自醫生世家，他的父親和哥哥都是醫師，一路以優秀的成績畢業的他，長大後也跟隨父兄的步伐，成為一位優秀的醫師。這樣旁人眼中的天之驕子，卻輾轉尋到我這裡，只為了深埋在他心中許久的一位國中同學。

在易安接觸催眠回溯療癒之前，已試過好幾種身心靈的療癒方式，想解開這個心結：為何這位國中時期的同學，帶給他如此大的壓力始終無法忘懷？

我們從小到大，升學主義至上的班上總會出現一兩位備受老師寵愛的好學生，易安就是天生自建好學生光環，功課好聰明優秀服從老師的指導，但是他的同學小惡霸

白狼，卻是扮演著截然相反的角色。

聊起對這位白狼同學的印象，易安坦白的說，白狼同學本性並不壞，他曾經嘗試規勸，想讓他走入主流成為人人接納的好學生。沒想到不僅好意被拒，白狼還夥同班上其他被排擠在外的學生，聯合霸凌勒索他。

在易安心中最牽掛的，其實不是被霸凌恐嚇的陰影，而是當他自認好心規勸時，霸王冷冷的丟出一句：「你又不是我，怎麼知道我的痛苦？」。這一句既輕又重的反問，讓生來一帆風順的易安大受震撼，就此深深烙印在心裡。

易安的回溯經歷

身家背景不錯，爸爸是地方有名的醫生，我自然也是老師眼裡的好學生，是大家公認的資優生。但不知道什麼時候開始，上學成了我每天都要面對的壓力。

生活無憂慮的我天真地以為所有人的本性都是好的，是可溝通的，於是就會給予同學一些建議，認為彼此可以共同成長。偏偏班上的白狼不管我怎樣好心相勸讀書的重要性，他就是冷眼漠視而過。有一天我以為兩人稍稍親近可以好好對話，沒想到話剛講完，他冷冷地瞪著我，一個字一個字帶著怨恨說，「你又不是我，怎麼知道我的痛苦？」

放學前我一邊收拾書包一邊想著幾個還沒理解的數學公式，回過神來突然出現幾個人圍在身邊，是白狼和幾個平常跟他一起混的同學。我主動打了招呼，但一看到他的笑容突然覺得來者不善，果然一開口就是要錢，「欸！資優生，你家那麼有錢，拿一些借我們兄弟用一下，最近手上沒什麼錢。」

我試圖笑著回應你是在開玩笑的吧，說完我的衣領就被拎起來。那一刻注視彼此雙眼時，我心裡清楚知道他的認真，拿出每天的零用錢安靜地遞過去，我說，「以為我們是朋友。」，白狼一樣那樣冷冷地看著我，頓了半晌又狠狠地開口，「不要以為你懂我，你、不、是、我！」

往後的日子再也沒有任何交集，我似乎不存在於他的周邊，那一夥的同學再也沒來找過麻煩。

成年後我才瞭解彼此截然不同的家庭背景，讓我的親近成了他的壓力，不僅刺傷他也刺傷了自己。也許他並不是要我的錢，是想讓我這個自以為是的天真傻子，從他身邊消失。都是這麼久以前的事了，但我仍常常想起他，如果當年用別的方式，也許可以改變最後的結果。

為何自己對這件事如此掛心？

這太不尋常了，我決定用催眠回溯的方式，來一探我與這位同學的前世緣分。

催眠老師引導我來到前世，我是某國的公爵，一出生就繼承了爵位與財產，軍事與商業方面也頗具天份，在海外領軍打仗屢屢獲勝後更被看重。心裡從來沒想過有人可以跟我競爭，但是偏偏就有位出身平民的大臣整日與我作對。

出身雖低，但在軍事及經商相當有能耐的他賺進了大把的金錢，貢獻了與貴族相當的稅金，進而與我們平起平坐議論政事。

在一群天生貴族中脫穎而出的我，一直以來都是國王的左右手，我注意到他確實有過人的才能及權謀，試圖拉攏但他卻完全不買帳，甚至時不時在國王面前，有意無意地想要打壓我。向來不把他人放眼裡的我這時心裡有點惱火，就憑他也想出頭？於是我透過人脈權勢再施以小計，就讓他從高位跌降回平民。只是沒想到我也為此付出了慘痛的代價。

那天當我一如往常回家時，那棟熟悉的、金碧輝煌的房子正深陷火海，妻兒管家統統喪命其中。逃出來的家丁說是一場突發意外，但我就是知道不是，這是那人的報復。

再高的權位再多的財富都換不回我的家人，對照現在的淒涼，過往得天獨厚的一切都沒有意義了，從此我獨自一人退隱山林。

催眠老師的聲音緩緩的傳過來，問我是否知道被你陷害的那個人是誰呢？

我知道，當然知道！就是我國中時期班上的那個白狼。

老師的聲音再次緩緩地傳來，引導我與他和解。看到他自大草原那端朝我走來，身上穿著是樸素無華的工作服，臉上不見過往的銳利霸氣。問候過彼此近況，他恭喜我當上醫生。

他說原生家庭的背景讓他走了偏路，用另一種方式證明自己的存在價值，而我們這些養尊處優的人讓他覺得自己相形可卑，讓他看不順眼。他知道當時我沒有惡意，但就是讓人心煩，於是用了較為激烈的手段將我遠遠的隔開，眼不見為淨！

彷彿回到國中時期的我們坐在草原上，聊著當年以及後來的人生歷練，成熟的理解將過去的記憶跟心情坦然於這片晴空，心中疙瘩漸漸消融在風和日麗的光景中。

ViVi 老師的催眠觀點 將心比心，覺察對方的痛苦

有些人，就是會在我們生命中，留下強烈的刻痕。無論我們多麼想要重重的提起，輕輕的放下，這些人還是會在我們心中留下一個強烈的存在感，無論時間多久，仍然會影響我們……。

本文中的真實背景，是易安從國中時期，印象非常深刻的同學。易安曾經想要規勸同學的行為，可是沒想到，最後被用了霸凌勒索的手段，讓易安黯然地斷開他們的情誼，成為冷眼相對的敵人。

而白狼同學那一句：「你又不是我，怎麼知道我的痛苦？」，又何嘗不是一語道盡他心中深切的悲哀？也許，兩個人的牽連有著累世深刻的怨仇，才讓易安與對方在心中牽扯了許多年，感覺如芒刺在背。但今生的相遇，難道不能看做是重新的機會，讓兩個人可以轉化彼此的執念，和解雙方的對立？

對易安來說，白狼的處處挑釁，似乎在嘲笑易安自以為是的道德感與正義感，而易安對於白狼來說，猶如一個唱著高調，高高在上不知民間疾苦的天生貴族；白狼對於自己身世的自憐自卑與痛恨，正好可以完全將怒氣發洩在易安身上，堂而皇之的精神霸凌……。

鏡頭帶向前世的劇情，易安先發制人的陷害那位平民大臣，最終被報復而至家破人亡。那樣深沉的痛苦，是否也讓前世那位位高權重的貴族大臣，開始思索社會階級不平等所帶來的苦難？

今生，貴族開始走下寶座，希望跟前世勢均力敵的對手，拉近彼此的距離。雖然對一位國中生來說，他的處世智慧還無法成熟到可以帶領他在今生順利跨越彼此的鴻溝，但是，經由催眠回溯的和解，雙方寬容了人生而不平等的際遇，放下了對立時的劍拔弩張，釋放了彼此的糾結與互相傷害。

尊重彼此的生命劇本，深刻地互相同理並接納對方的不同。在任何情況下，請勿慣性地用自己的習性及觀點，去評斷他人的所作所為。拿一個至高標準的帽子扣在任何人身上，只會增加更多的對立與衝突，而且，看似外在環境中的對立與衝突，本源是來自於自己內心世界。當我們粗暴不平等的對待別人，我們的心，是第一順位的受害者。當我們無法對他人展現愛與慈悲，其實也是嚴苛地，對自己失去了愛與慈悲。

如果外在的世界有對立，請反觀我們的內心，看看這個衝突在我們心中升起了什麼感受？我們是否在對抗、漠視、甚至用面具掩蓋了內心真正的小怪獸？小怪獸真的是可怕猙獰的惡魔，還是只是一個面對這五濁惡世的冷漠及扭曲，無力對抗的小小孩呢？

我們最大的敵人，也許就是成就自己最大的貴人。當外境的考驗現身，請別浪費了這個機會讓自我成長。當我們的內心豐厚且柔軟，終於能夠對這世界，獻上一首春天的歌。

Vivi 祝福大家。

課題：理解世界並非二元對立

在累世的輪迴之中，我們曾經可能是國王，也有可能是乞丐；曾經可能是人人稱讚的大善人，也有可能是混世魔王街頭小混混。因果之前，人人平等，我們拿到每一齣人生劇本的角色只是表象，修鍊我們內心的轉折變化，才能真實地將這份智慧及體驗帶入我們的靈魂能量當中，陪著我們轉世。在我們人生大戲當中，與我們對戲的每一個人，都帶著一份出生前早已約定好的計畫，互相成就對方的靈性試煉。

當我們的眼界可以穿越彼此的身分，深入對方的內心世界時，就可以用更宏觀的視角，重新看待我們與對方的互動關係與過往的人生事件，發自內心地展現出對於對方的同理心與慈悲心，看待對方如同自己一樣的平等與可愛。

我們不需要知道每個人與我們前世的所有緣份關係，也能夠發展出愛人如愛己的平等心，無論對方與我們今生的關係如何，是朋友還是對立的敵人。我們的人際互動，是認識自己內心深處的好機會，對方幫我們演出了我們還不了解自己的人格面。

只是，我們抓取了這個可貴的成長機會嗎？

「鍛鍊同理心」的心理技巧

先想好你最介意、最想要和解的相處關係，回憶一下這份相處關係的過往細節。準備三個椅子或者坐墊，將他們分配位置排成三角形。椅子都朝中心點放置。心裡先想好三個椅子的定位，分別是你自己、對方、還有一位客觀的旁觀者。

心情沈澱下來，先坐在自己的位置上，體會一下自己的感覺。接下來起身，坐在旁觀者的位置上，體會一下旁觀者看著自己與對方互動的心理感受。再接著起身，坐在對方的椅子上，想像自己成為他，用心感受他又是如何看待「我」呢？

再接下來，再重新坐回旁觀者的椅子，這次，當你由第三人的視角去看待你與對方的互動時，你有沒有新發現？有沒有新的感受？

最後，再重新坐回自己的椅子上，經過了之前的同理心練習，你對於這段人際關係，有沒有什麼新的洞見呢？

你將會發現，自己內在的直觀會引領你將煩惱轉為智慧。可以記錄下這些心理活動，藉由這些練習，你更能夠平心靜氣寬容待人，也能夠圓滿平衡累世帶來的個性。

這是一個不需要人生大道理或教條的練習，你內在的光亮會導引你。

第19章

正義魔咒

與生俱來就是惹人嫌的「正義魔人」

人家說，臺灣最美的是人情味。多數臺灣人都很願意善意對待他人，無論是一個舉手之勞，甚至是佔用一下自己的時間資源，這樣的溫暖常常上演。然而，有些人固然熱心公益，卻有時候會熱心過了頭，成了大家口中的「正義魔人」。正義魔人常常將自己的道德感與正義感強加在別人的身上，反而讓人覺得有點過了頭。熱心維持社會秩序是件好事，但是強烈過了頭，是否有一些心理原因甚至靈魂的印記呢？讓這個案例來告訴我們吧！

志華的回溯經歷

我心裡住了一位愛管閒事的超人，早上出門前方騎機車的男士迅速地將小廣告貼在電線桿上，我也迅速地拿手機拍照檢舉，再過兩個紅燈路口，公車停車格上停了台閃著燈的車，公車們得繞過它才能讓乘客上下車，車主如此隨意只是為了買早餐，一樣，我拿出了手機。

自已並非閒閒沒事在街上蹓躂找他人麻煩，我是一位食品衛生安全的稽查員，接受食藥署委託到各地的食品工廠查看管理與勘察現場。雖是不起眼的螺絲釘，卻是擋人財路的眼中釘，當然也有人爽爽過日，箇中奧妙不用多說，但為了食品安全，良心讓我無法漠視，這不單只是稽查員跟廠商的事，而是社會大眾的事，不能因為縱容他人的隨便讓社會陷入混亂秩序。

孩子都喜歡當超人，覺得自己能拯救世界，他們所不知道的是超人的寂寞，想出手同時又怕被認出來讓人從背後捅一刀。我在工作上已經接到不少黑函與密告，甚至是恐嚇信。長官知道看到輕輕帶過，反倒是刻意釘我，我看長官一切都只為了自己的地位，正義公理擺一邊。在外面攻防了一天，回到家卻還不能做自己，老被家人說我臉臭語氣差。

那天聽到大樓管委會的經理與秘書聯手盜走了佰來萬公款，由於該支付的款項都沒有付，廠商找上門才東窗事發，全案雖已交給警方處理，但大家仍將矛頭卻指向財委與監委。他們不過是被住戶推派出來幫忙管事的好心人，當時他們明講不懂財務、會計與稅法，大家也說沒關係，現在卻要他們負責墊出這筆錢讓社區運作得以維持正常，我聽了心裡真的氣不過，但也不能怎樣。

算命曾說我四十九歲就會死，唯一方法就是改名。名字隨著輪迴都會變，我並不相信它有多大的魔力，四處找老師驗證卻是得到相同的答案，眼看快到那命定的四十九歲，好友忍不住建議我去見一位催眠老師，透過催眠看見前世今生，經由每一世的故事更瞭解自己，更想知道的是我這正義魔人的個性是如何來的。

「我想知道我命中註定的陽壽……」

老師微笑著說：「所謂的命中註定，是我們出生之前規劃好的生命藍圖，與其來看今生的果，我會建議我們先去拜訪一下前世的因，好嗎？」

透過催眠回溯師的幫助，現在來到了景德鎮上。

鎮上充斥著各種聲音，夜晚更是燈火通明，暗夜裡的濃煙讓整座城宛如巨大的火爐。今晚不大平靜，無數鞭刑聲啪啪地落在陶工身上，一直不成功的燒製讓潘相公公心情糟糕，雖然大家都知道瓷乃火之幻化，理不可曉，變數極大，但一心只想燒出青龍白瓷缸討好萬曆爺的東廠公公們，自然是無視一切。

正被打著的陶工正是這裡最有資歷和威望的魏大爺，如果連魏大爺做不出龍缸，就更別說別人了，眼看他快撐不下去時，我脫口大叫，「百年前太王振來督造青龍白瓷缸，最後無功而返，你現在逼也沒用啊！」我不知道哪來的勇氣敢這樣出頭，只知魏大爺如果這麼走了，魏家世代的祕方也斷了，不要說龍缸，就連魚缸也做不出來。

語落瞬間鞭子連同潘相公公的怒罵一同抽了上來，一陣慌亂之中，只見另一位也正被拷打的青年竟衝出人群，投身烈火爐中！所有一切因此都靜止了，那人是童賓。

他並沒有白死，隔天開窯，一個晶亮璀璨的龍缸驚現在大家面前，用肉身換取燒造成功的童賓，開始被稱作「窯神」。

景德鎮嚴酷的待遇，貧富差距的不公平並沒因此改善，整整三個月躺在床上不能自己的我，沒了工作沒了錢，我發起罷工與暴動試圖反抗體制，最終還是死於窯主私刑下。

老師帶領我與兇手們做了和解，也看到彼此更早遠的因果，真的就是「冤冤相報何時了」，大家都承受著這不斷循環的冤枉與怨念。

老師向我內在的智慧問：「接下來你想要如何呢？」我說自己有個很美滿的家庭，想好好地陪伴家人珍惜這些幸福，說完之後心情非常平靜。結束催眠隔天，找了位老師改名，鄭重向親朋好友宣告新名字。此刻起，內在的超人似乎換上粉紅色制服，我更能寬容和氣地面對眼前的不公不義，而我的四十九歲，在生日蛋糕甜美的滋味中安靜地度過了。

ViVi老師的催眠觀點 修正個性即鬆綁原定命運

「個性」究竟是什麼？「個性」真的是生而帶來，死也帶走的萬年不變好朋友嗎？常言道：「個性造就了命運」這句話點出了一個重要關鍵，就是我們的個性與外在世界交流的互動與反應，可歸納出一種比較固定僵化的模式，當這個模式不斷重演，就成為了我們在人生大戲裡的一直重複跳針的迴圈，我們也因而受苦。在Vivi的觀察當中，越是依照自己個性帶領人生前進的人，越會被命書完全套牢一生的成敗起伏。

這其中的關鍵，就在於靈性的迷悟之間！

所謂迷悟之分，並非一定要到達先賢大覺者那般修證的證量，才足以親手改寫自己的命運。當我們的靈性開始覺醒過來，原定命運就會開始鬆綁。而我們從什麼當中醒過來？從我們對自身的執著當中醒過來。我們緊緊抓著自己的個性，自己的所有物，認定這些組合就是「我」，不敢也不願意放手。當我們開始覺察，用另一個客觀的觀察者角色看待自己時，便可以看出自己的重複模式。這時候，我們靈性的智慧及光亮，開始破殼而出。

蛻變的過程一定遠比留在原來的舒適圈更難受。君不見多少人抱怨自己的痛苦之後，一轉眼仍然用那個「受苦的人生」來定義自己，擁抱那個受苦的舒適圈，而不敢相信自己也有幸福的權利和智慧！毛毛蟲羽化成為蝴蝶的過程，必須先將自己的身體組織完全液化，再重新組合為成蟲，在這過程中忍受掙扎，直到有力量破蛹而出！人生的組合成分比蝴蝶的生命更加複雜，我們想要有意識地突破原來的命運框架，也需要點點滴滴改變我們思言行的慣有模式。

這位個案就是一位非常勇敢的例子，他看到自己累世的行為模式所帶來的命運藍圖之後，他柔軟了他的固執，也願意跟親友們宣告他願意改變！他的轉念及行動力，將他帶離了命中註定的軌道，走向了另外一個新生。他完全地為自己的轉變負責，Vivi只是幫他拿個椅子墊高視野，再當啦啦隊為他喊加油！如此而已。

你願不願意當自己命運的主人，無論是受苦還是幸福，你都願意為此百分之一百負責呢？就從現在開始放下對世界的怨懟吧！

課題：重新認識自己的人格特質

每個人都有自己的個性，個性是什麼呢？簡單來說，個性是一個人在相對穩定的情境之下，展現出來的情緒及思想的總和；也是一個人對待周圍世界的行為模式。個性受到先天遺傳、後天環境、還有一個「與生俱來」的個人靈魂特質所影響。

每個人的個性都是獨一無二，世上沒有一模一樣個性之人，就算是雙胞胎也不一樣。有些人格特質會為我們帶來順境，反之，我們也常為自己性格中某些執著的習性所苦，甚至產生了一些為人處世的摩擦及困擾，如果發生更嚴重的衝突，甚至會在身體層面傷害到其他人。

其實，每一種人格特質，都有它一體兩面的優點及缺點。將特定的情緒用在合適的情境，可以為人生加分。如何與自己各種性格特質和諧相處，除了深刻的接納自己與愛自己之外，還可以鍛鍊機敏的覺察能力，了解自己細緻的情緒變化。這時候，我們的心就如同情緒的好朋友，可以客觀地陪伴自我的情緒，也保留了清晰的判斷能力與行為反應能力。

做自己性格特質的主人，並非將我們不欣賞自己的個性隱藏起來，埋到深深的心靈垃圾桶！我們都聽過能量不滅定理，情緒流動也是一種能量。如果硬要壓抑情緒的流動，垃圾桶總有一天會滿出來，甚至變成心靈的土石流。

允許自己表現出情緒的各種面向，就有機會將這些情緒導引到更健康的表達方式，甚至是帶來更有建設性的人格表現。情緒是一種動能，就讓我們學習如何運用這股動能吧！例如：將我們的怒氣轉為積極的行動力，或是因為嫉妒而讓自己覺察到可以進步的地方。這樣是不是比傷害自己，或是傷害人際關係更加美好呢？

「覺察自身各種面向」的練習

這是一種分析與整理的技巧。

首先，要請你準備紙筆，一把小剪刀，還有幾個小蠟燭。

先沈澱自己的心情，然後，寫下自己二十個人格特質。包括十個正面特質與十個負面特質。可以寫大一點，因為等下要用小剪刀剪下來。將這二十個人格特質剪下來。如果你想要先準備二十張小卡紙來寫人格特質也可以，這樣就不用剪了。

接下來把這些紙片寫字那一面朝下，像洗撲克牌一樣，任意的打亂它們的順序，再收回整理好。接著，將它們像扇子般攤開在桌上，然後伸出手隨意抽出一張紙片。

看看這上面寫的是哪一個人格特質，然後，問自己兩個問題：

「這個人格特質帶給我什麼益處？」

「這個人格特質帶給我什麼壞處？」

當我們在問自己的時候，請打破集體社會意識的框架，將大眾標準的好與壞、善與惡放一邊，誠實的跟隨自己的心，說出自己真正的感覺。例如，「我很誠實」，益處是我每天都睡得很安穩，壞處是我常常誠實的說我姊姊很胖，害她沒法盡情享受美食。

然後，點燃一個小蠟燭，將紙片放在燭光前，看著燭光照耀這張紙片，請這美麗的光芒溫暖且祝福這個人格特質。當你覺得受到充份的祝福之後，可以將這個紙片放在掌心，再貼近我們的心口，感受這個特質（無論是正面或負面的特質）對我們來說，有沒有任何改變？

這樣逐一抽出各種的人格特質小紙片，直到二十個人格特質都做完。如果沒有很多時間，可以每天做一個或幾個人格特質。直到做完為止。

第20章

不幸之財

童年寂寞回憶竟成阻礙財富的因素

身處在走出家門三分鐘就會有一家便利商店，十分鐘路程可能就有各式餐館林立的便利時代，現代人已很少會在家自製蔥油餅、水餃了，但在四、五十年前，物資不算充裕的年代，很多媽媽都會在家自製蔥油餅等麵食，也讓那時的孩子擁有了童年獨一無二的家傳味道。

家境寬裕的孩子真的比較幸福嗎？對於宜君來說，她寧可不要家財萬貫，卻獨獨懷念蔥油餅的滋味。為什麼呢？

宜君的回溯經歷

「媽咪，我們玩叢林吼吼樹屋好不好？」

「那個很恐怖，你不害怕嗎？媽咪不敢坐耶！」

「我不怕啊，我長大了，那我可以自己坐嗎？」

「不行哦，你是小朋友不可以自己坐喔~」。

我喜歡在假日帶著孩子到處走走，就怕他們哪天長大不願意一起出門了。天氣非常炎熱，在兒童新樂園裡陪著孩子玩到我頭都暈了，小不點還想再接著玩恐怖的叢林吼吼樹屋，以及宇宙迴旋輻射飛椅，我拜託他先陪我坐波力摩天輪，讓我好好休息一下，也看一下這片蔚藍的晴空。

中午約了阿芳在圓山飯店吃中式茶點，坐在

窗邊的位子，拍下小不點可愛照片上傳臉書曬小孩，然後聽阿芳說著最新的理財資訊。

記得小時候沒地方玩都窩在阿芳家裡，最喜歡吃阿芳媽媽做的蔥油餅了。阿芳媽媽最厲害的是，水和麵粉的比例完全憑感覺不用量，卻每次都是完美的黃金比例，一家人在客廳的茶几上舖報紙後揉麵團的和樂氣氛，以及最後做出來外酥內軟富嚼勁的味道，是我難以忘記的。

圓山的蔥油厚片上三星蔥花均勻分佈，雖然阿芳媽媽的蔥油餅做工沒有這麼細緻，卻有著獨特老麵發酵的香氣。記得有一回國慶日上午，我在阿芳家看著電視上總統府前的閱兵典禮，我順口說，「蔣家的蔥油餅肯定沒有阿芳媽媽做得好吃！」，還被阿芳媽媽笑著念我別胡說八道。

我家廚房雖比阿芳家客廳大很多，但就是個展示品陳列滿滿的門市，爸媽總有吵不完的架，都跟錢有關，然後都在怪對方。一旦誰開口惹了誰，就是一連串的破壞，破碎的玻璃瓶瓷器散落一地，這就是我家週末最常上演的戲碼。一開始還會偷聽看看哪些跟我有關，但最後我選擇逃離，所以阿芳家一直都是我的最佳避難所，雖然我從沒說過自己有多羨慕她家的和樂幸福。

看著眼前整理得過於規矩的花圃，聽著阿芳說話，不由自主問自己到底想過甚麼樣的生活呢？為何要買這麼多投資型保單呢？

孩子漸漸長大，我也興起經營網拍的想法，親自遠赴韓國帶回一些精品，小小的生意似乎頗有前景，但隨著生意越來越好我卻開始出現了一些身心症狀，是工作壓力太大還是奧客太多引起的？但似乎都不是，好像只是自己單方面的不滿，就像一團越纏越亂的毛線，累積的不滿讓我開始挑剔一切，看所有的人和事都帶著惡意和懷疑，等意識到問題時，我已完全深陷在無以名狀的焦躁中。

閨蜜看我整天焦躁不安，卻不清楚自己內在的世界究竟發生了什麼事，便建議我去找一位認識的催眠老師。我本來非常抗拒透過這種方式去瞭解自己內心世界，但在朋友強力說服下，我半信半疑地開始了生平的第一次催眠……。

當老師引導我「回到我最幸福的時候……」，我竟回到了阿芳家，在廚房跟阿芳媽媽一起製作蔥油餅，結束晚餐後我不情不願地回自己家，看著爸媽日復一日的吵架，我不禁對他們衝口而出，「有錢又怎麼樣？我才不要當有錢人！有錢一點都不幸福！」。畫面此刻停住，爸媽尷尬扭曲的表情，深深地烙印入我的潛意識中。

老師繼續引導：所以妳認為「有錢」跟「幸福」的關聯是什麼？

我開始說有多麼痛恨家裡的氛圍，父母多愛吵架，對我又非常冷漠，金錢只是拿來炫耀的工具，恨透了他們追逐金錢的樣子，自己卻又無能為力……

「所以，我從小就覺得，有錢就會不幸福，要幸福一定不能有錢！」講到這裡，突然一切我都理解了。我懂了！

我的家庭生活一向美滿相當幸福，網拍事業逐漸帶來了更多的錢財，但潛意識卻擔心因此會失去幸福，於是開始抗拒成功跟財富，甚至想慢慢地毀掉網拍事業。

從催眠中醒來，我還原了「幸福」與「有錢」的能量位置。他們是兩個獨立個體，互不阻礙，不需要混為一談。這時手機來了簡訊通知，有人詢問網拍上刊登價格破萬的精品皮包，我可以用不失禮的語氣回覆了，我知道自己再也不怕「有錢」跟「幸福」的衝突，現在只想在回家路上買些材料回家做蔥油餅，讓我們家也能飄散著自己心中最幸福的香味！

—ViVi老師的—催眠觀點— 排除情緒地雷

我們的人生經驗中，有多少主觀印象，其實是將好幾個情緒捆綁在一起卻不自覺，但又被這來自潛意識的巨大力量影響了我們的判斷，甚至卡住了我們的生活？

「一朝被蛇咬，十年怕草繩」這就是將被蛇咬的恐懼經驗與蛇的形狀捆綁在一起，從此對草繩產生莫名的恐懼。所謂催眠「回溯」，就是回到記憶中的「第一現場」，讓我們重新用更清明更成熟的眼光，梳理歸類我們的情緒反應，讓事件回歸它的真相，釋放被綑綁在特定事件中糾結的情緒。

我們常說的「情緒地雷」區，往往就是將特定的情境或情緒，與某種「執著」的觀點劃上等號。所以當面臨類似情境或發生類似的事件之時，我們是夾帶著人生資料庫中強烈的情緒記憶來做出回應，可是，往往，這些都會成為他人眼中的「過度反應」。

一顆情緒的種子，會長成一棵巨大的樹。如果我們只是想修正表面的事件，就猶如修剪樹枝樹葉，問題的根源仍然存在。若能夠穿越所有表象，回到種子的面貌，我們可以很清楚的知道，究竟我們綑綁了哪些情緒及執念？這不是一個很容易的功課，但是非常值得我們用這個角度來省思自己的人生歷程。

造成我們情緒地雷的，往往是我們最在意的人、還有最在乎的情感。若是在人間歷經了多次的替代事件，就算現下著眼在修正替代事件，效果並不大，如同上述已經解釋的「修剪大樹樹枝」對比「清理種子」。就算如此，我們願意面對且修復「替代事件」的勇氣及療癒經驗，可以成為我們處理類似情緒的珍貴經歷。

真正能直下核心的，就是「重新」，也「從心」，去承認我們所在意的情緒創傷的根源。能夠在我們心上劃下一刀的，都是最在乎的人，而這份在乎，其實都是「愛」。

「恨」並非愛的相反詞，而是戴上了扭曲能量面具的愛。廣義來說，我們所面臨的各種歸類於「負面情緒」的人格特質，背後都隱微連結到愛的源頭。只是目前尚未認出這條路徑，也不願意從這個苦中清醒。

清醒過來就會下戲，或是有力量修改劇本。但為何許多人不肯下戲，只想耽溺在目前的人生情境？一方面是他不知道下戲之後，該何去何從？或是他將失去經由這個人生經驗所帶來的「自我角色定義」，所以拼命地抱住舊劇情不肯放手。這樣的想法及做法，就是將人生的主導權以及自己的力量，通通送給了我們自認為的「命運」。

如果我偷偷透露，目前的4D舞臺，將會升級成為更高科技的5D舞臺，所有演員都將經歷更輝煌的舞臺效果。我們還會緊緊抓著生命中古早味的憂傷，不願意放手嗎？

Vivi祝福大家，都能有力量穿越自己人生中的苦與創傷，讓自己的生命如歌悠揚，如花綻放！

課題：不再抗拒金錢能量

我們從小到大，曾經在腦海中植入多少次有關金錢的信念？這些信念是正確的觀念嗎？當我們回到最純粹的自己，拿下應付外在世界的面具，我們可以問問內心，我們真心的喜愛金錢嗎？可能很多位讀者會馬上回答：「當然！誰不喜愛金錢呢？」但是一旦探索我們內在的聲音，我們可能會訝異於自己的答案，其實是排斥金錢的。

金錢是一個中性的能量，它其實就是一種物質能量的流動，它也可以被創造創新。我們與金錢的心靈距離，究竟是遠還是近？我們可以成為自己的聚寶盆，為自己吸引金錢能量嗎？

「讓自己成為聚寶盆」的祝福儀式

首先，可以為自己準備一個陶瓷的容器，可以是聚寶盆的形狀，也可以是杯子般的形狀。然後在一張小紅紙上寫上自己的名字，貼在這個準備好的容器上面。接著準備十一個十元銅板，先用清水洗乾淨並擦乾。

接著，先雙手捧著聚寶盆，想像自己與聚寶盆融化在一起，聚寶盆就是自己。再將聚寶盆放在桌上，然後拿起一個十元。自己對自己說：「我愛錢」，然後將十元輕輕的接近聚寶盆，看看是否很容易移動？

若是拿錢的那隻手，並不想靠近聚寶盆，接著問自己（最好念出來）：「為什麼？」然後等一下，你會聽到自己內心的答案。接著再說一次：「我愛錢」，再次輕輕移動十元。

這樣反覆練習，直到十元可以靠近聚寶盆並被投入盆中，接著再拿另一個十元，練習同樣的技巧，直到這十一個十元都順利投入聚寶盆為止。

將聚寶盆妥善收好，接下來每天都準備至少一個乾淨的十元投入，連續做二十一天。二十一天完成之後，你可以就將聚寶盆收好，或是繼續投入零錢，也可以放入一些你喜愛的礦石水晶。直到這個聚寶盆裝滿。

第21章

母愛不存在

從未獲得母愛
最難解的親子傷痕

珊瑚一直以來都給我一個很特別的感覺，總是透著一股溫和與強韌兼容的生命力。

珊瑚的工作能力非常強，但她最珍貴的特質，是舉手投足間流露出的圓融智慧和修養。很少聊到自己的原生家庭和母親的珊瑚，卻在那一天突然向我發出呼救訊號，希望能夠探訪自己與母親的前世緣分，她在母親這個課題所受的辛苦，才就此揭露在我眼前。

珊瑚的回溯經歷

「我的母親」一直是讓我難以下筆的作文題目，也是這輩子最為沈重的課題。從小只要聽到「因為妳是姊姊……」這樣的開頭，便會伴隨懲罰，巴掌罰跪藤條樣樣沒少，一次一次的下手都帶著某種恨意的狠心，似乎只為了消除她心頭的怒火，這些待遇從來都不是弟妹所有的，我不知道她為什麼這麼不喜歡我。

當年奶奶遠從南投鄉下北上要替母親做月子，整個家族眾所期盼的男孩即將出生。我來到這個世界的那一刻讓所有人失望了，奶奶甚至丟下做月子用的兩隻雞後直接回鄉下。這個賠錢貨的出生開始了與母親的糾葛命運，開始了各樣的生命磨難。

身為賠錢貨的長女，自小我深深體認到「認份」這個詞的意義。家中四個小孩都很會唸書，卻唯獨我沒有獲得禮物的資格，一句「因為妳是姊姊，是榜樣」理所當然地略過了我，只能看著爸媽帶著弟弟妹妹上街。小學三年級一樣考了第一名，一樣沒有禮物，我偷了媽媽的三十元買了一盒二十四色蠟筆給自己，騙說是老師給的獎勵。不清楚她相信與否，只知道她不在乎。直到當了復健師的弟弟告訴母親，我平平的膝蓋都是小時候被她罰跪所致，她仍是毫不為意。

「因為妳是姊姊，因為妳沒有做好榜樣」，耳邊輕輕地響起這句從小大到大始終迴盪在我耳邊的話。

國三那時家裡生意慘敗，龐大的債務讓國三畢業的我毫無選擇地只能去成衣廠上班，幫忙分擔經濟只為讓弟妹可以繼續唸書，後來爸媽迷上大家樂跟六合彩，我更成了母親伸手就有的提款機，我努力賺錢直到家裡有點改善，才敢向她提出讓我邊做大夜班邊唸書的要求。唸書這件事就像當年那盒蠟筆一樣，是一點點的自我慰藉、喝采，甚至是療傷。

即使如此日子還是得過，肉體的疼痛隨著年長逐漸淡去，心裡的沉痛卻如黑洞那般隨著母親的賭債卡債毫無終點地越來越深。本來是想透過催眠看看剛離世的大妹，好想跟她說說話，因為照顧她反而讓將要潰散的我得到一個生存目標，甚至因此治好我的自律神經失調。最後的那段日子大妹很依賴我，也因為依賴有了從沒有過的愧疚，她告訴我如果換做她可能做不到像我這樣，真的非常謝謝這段時間我的陪伴跟照顧。

依照催眠師的指示，我開始全身放鬆，想知道告別式那天我和小妹為她安排的一切是不是她想要的，謝謝她讓我完成我人生中最圓滿的一場活動。

在意識裡進入眼前是一座古代宅院，偌大的花園裡有許多的男女僕人，每個人見我都有些敬畏，在僕役中看到了我的大妹，應該是我的丫鬟，而遠處的老嫗是我的今生的媽媽，也是前世的奶娘。顯然我是這戶上等人家的大小姐，這些僕人對我而言沒有多大意義，他們在忙些什麼，我覺得不重要也不關心，在還搞不清楚自己要做什麼時，突然就聽到院子裡傳來大喊：「奶娘失足掉到花園的池子裡去了！」。

順著聲音望去，剛剛的老嫗不見了，我沒有任何心急的情緒，反倒是對那陣混亂嘈雜感到不耐煩，我看見我的大妹正驚慌失措地準備去救失足的奶娘，而我在一旁無感地看著這一切發生。

既然看見了媽媽，催眠師問我要不要跟媽媽在催眠中說說話。在大草原上我們拉了兩張椅子跟媽媽面對面地坐著聊，聊著過去苦痛如何在她的心裡劃下難以磨滅的傷痕。這一世身為女孩的我錯了嗎？是前世我沒幫忙搶救錯了嗎？我開始想，或許是這一念之差造就了這輩子的磨難，所有一切都不是平白無故，過去種種都在因緣成熟時變成業報浮現。在催眠中，我們心平氣和訴說著彼此心裡的結，沒想到是和解也是釋懷。

當天，從催眠工作室回家路上，看著媽媽的來電，想著她又要開口拿多少錢，接聽時卻是聽到她問我：「你在哪裡？晚上要不要回家吃飯？」在別人家裡這是多麼普通的一句話，對我而言卻是好陌生的奢侈。

華燈初上的台北街頭繁華似錦，公車一路走走停停往另一個方向去，心情竟是從未有過的平靜與自在。不管有多少次前世來生，百千億化身，真能改變一切的是當下自己的一念。

——ViVi老師的——催眠觀點——潛入意識深海，雙方都能改變

一直以來，Vivi很喜愛一個說法，來形容「業力」對我們的意義。如果說，我們的心本來圓滿如一顆球，當我們不能依照正直、慈愛來行事之時，心球上就產生了一

個凹痕。而業力報償的力量，就是一個反作用力，為的是讓我們心靈的凹痕恢復圓滿。

人類行為，本身具有高度的複雜性，常常善中有惡，或是惡中有善。而我們若將人心的複雜，再加上環境的元素，還有時間運行的影響來看待單一事件，常常讓人越看越不清楚，猶如霧裡看花。我們在人生中的各種關係中歷練，本來就是不容易的功課，對於成年人如此，對於孩子更是辛苦。如果原生家庭無法用愛滋養孩子，孩子的困惑及受苦，就會形成心頭難以抹滅的傷痕……。

在我們潛意識的深海中，有一個美麗的境地，就是人類的集體潛意識世界。在那個境界中，可以輕易的將心比心，瞭解對方的想法，也能傳達我們的想法讓對方更加了解我們。

珊瑚在這個境界中，經由前世的回憶，對自己童年所受到的苦及不公平，有了跨越對待之心的寬容與諒解。當她願意與母親和解，放下對母親的怨懟之時，她開始從「心」去理解母親的傷痕，感受母親的痛苦。而那些造成心結的大石頭，似乎在「同理」與「關心」的對話中，慢慢地消融，飄散在風中。母親的潛意識，隨著與珊瑚的深度溝通也同步發生變化，催眠回溯之後，母親也開始敞開心房，關心這個辛苦的大女兒。

時間的存在，本來就是相對而非絕對。而心念的一個轉彎，扭轉了珊瑚由心靈放映機所映照出來的世界。將心靈之球恢復圓滿的，除了深度的潛意識溝通，最關鍵的，是珊瑚柔軟寬厚的心。

珊瑚面對著煉獄之火的人生，仍然勇敢地將傷痕累累的心門打開，用顫抖的雙手，再次拿出心裡的溫柔與對愛的信任，將之化為清涼的水，想要舒緩輪迴業力之苦……。而這一滴水，誰說不是菩薩的甘露之水呢？

感謝形形色色的菩薩們來到 Vivi 的眼前，演繹著人間的各種悲歡離合……。當你們告訴 Vivi，這些人間故事都是宇宙最美的創造，我們因為執著於「自己是誰」而不肯卸下的面具，是否也能哈哈一笑粉碎在風中呢？

Vivi 祝福好友們，隨心自由，創造人生！

課題：「感恩」是通往幸福最強的力量

人生的苦，來自於我們心念總是在追逐那些不平不滿，甚至是求之不得的事物。當聚焦在我們生命中匱乏的黑洞時，我們的命運就會呈現這些外境來呼應內心世界。如果我們高度聚焦在痛苦的情境上，就會發現處處都是苦難。原因無他，因為我們只看得到我們的「心靈想要看到」的事件。我們生活在二元性質混雜的世界，像是太極圖，無論是福與禍相倚，或是善與惡兼具，人間世事的流動變化，其實都包含著二元對立的兩種特性，缺少任何一種，反而會失衡。

如何超越我們所認定的苦，開始變得更幸福？可以從「感恩」開始。感恩我們所擁有的一切，而不是聚焦在我們求之不得的匱乏，為何「感恩」能夠帶動這樣強大的力量？感恩會讓我們的心靈開始被美好及喜悅的感受填滿，外在的世界也許沒有太大的變化，但是我們的心靈聚光燈，已經從照見我們的「匱乏」轉向照見我們的「豐富與幸運」，我們越來越能發現生活中的愛與美好。

漸漸地，我們會開始沈浸在「幸福感」的波流中。幸福感是抽象的感受，也無法被量化被比較，更是獨一無二的個人體驗。想要得到幸福？可以從感恩開始，就算是一個日常生活中的小事，也可以藉由這些練習，微調我們的心靈聚焦方向！

「聚焦美好事物」的感恩練習

準備一本「感恩筆記本」，訂出每週一個固定的時間，做感恩練習。

打開筆記本，在頁首寫下今日的日期，然後畫一個大大的圓。在這圓當中，寫下你十件感恩的事，最好是一個具體的事件，例如：「今天突然下大雨，感恩我出門時順手帶了傘。」「今天晚餐真好吃，感恩媽咪的好廚藝」……

不用擔心事件的大小，最重要的是我們能否從小事中看到鑽石。

寫完後，將他們逐一地讀出來。之後，再對這個圓圈吹一口氣，再深深吸一口氣，彷彿將這些感恩都吸進身體中。收好筆記本，七天之後同一時間，我們再寫下十件感恩的事！

這個練習一開始可以做三次，也就是前後二十一天。之後也可以常常做，感恩會讓生命更甜美。

第22章

跨越幽冥河

握住前世來不及救你的手

旭生來到我工作室時，剛新婚不到一年，是一間服飾店的老闆。當他訴說自己的人生時，就像是在背一本流暢的文章，連提到人生的挫折時，也都沒有顯露過多情緒，直到聊起他的父親。

旭生從小就與父親存著一股難言的隔閡，雖然父子倆沒有過重大的衝突，但是那種始終無法跨越的冷漠，總讓他感到不知所措。以為父親不懂的跟晚輩相處？卻在一次跟堂兄弟們一起到遊樂園的時候，親眼見到父親與他們說說笑笑的親切模樣，卻唯獨對他冷淡依舊。

第二部

那一幕對他這位獨子來說，是非常震撼及傷心的回憶。等到終於有機會離家讀書後，旭生自此再也不願回到家，只有過年過節時應付性地回去露臉。直到父親臨終時，他才突然驚覺這一生一直沒有跟父親好好相處過，可是這一切遺憾都已無法挽回。

接著旭生提到他在職場上遇到一位貴人大哥，他亦父亦兄的關懷照顧，彌補了旭生在親情上的黑洞。他們兩位好友加上各自的女友成為感情極佳的四人幫，甚至還想相約一起舉行婚禮！但是，他苦惱地說，也許是太渴望親情，他做了一件踰矩的事件，至今令他後悔不已……

旭生的回溯經歷

緊緊握著爸爸的手，感受到的只有這二十多年來的疏離跟心中一直存在的遺憾。

氣息漸弱心跳停止，手慢慢鬆開，冷漠有距離的眼神也隨著闔上而不存在，無法理解的悲傷讓眼淚流不出來，一句沒問出口的「爸爸，你曾經愛過我嗎？」，跟其他無解的謎都成了遺憾。

因為工作上亦父亦友的大哥的關心跟照顧，我對父親離世的低潮並沒持續太久。跟大哥大嫂的關係日漸緊密，甚至曾經跟女友提議不如跟他們同一天舉辦婚禮，那種親密會讓我覺得彼此就像是一家人。

婚禮當天忙昏頭的大哥把戒指忘了，急著將鑰匙給我，讓我趕緊去他家拿。我趁著空檔複製了一把備份。從此，我常常趁他們不在家時，潛入他們家裡，待在沒有他們的客廳看看電視，窺視這個家每個幸福的角落，甚至看看大哥使用的香水品牌，再去購買相同的味道，似乎這樣就能融進他們的幸福氛圍。我不知道自己為什麼這麼做，只是在想如果彼此真的是一家人該有多好，但明明自己跟妻子的小窩也非常甜蜜。

我不知道自己在找尋什麼？

這天如往常那樣躺在他們床上，突然打開的大門讓空氣瞬間凝結，突然請假回家的大哥被我嚇到了，我坦承自己複製備份鑰匙一事，他眉頭緊鎖只說，「鑰匙還給我們就好，以後不要再這樣做了！」我相當羞愧又很感謝他放過我。但是我的後悔沒有放過我，在朋友的介紹下，我請老師幫我帶領了一場催眠回溯。

在催眠老師引導下，想再次懺悔的我於潛意識之海跟大哥相見，神情依舊的他全身散發著光芒，他握住我的手說：「不要忘了，我永遠是你的天使。」。老師接著引導著我去看前世，那一世自己是位樵夫，當我一如往常到森林中伐木的時候，眼前的一幕讓我驚呆了，畫片就此停格。

老師溫和的聲音傳來，鼓勵我繼續看下去，我緩緩調整了呼吸，看著眼前的我正站在大湖岸邊，而水中浮出一隻慘白的手，我馬上跳進湖中想要救人，發現死者卻是小竹的丈夫。小竹與丈夫長年幽居在森林深處，過著簡單靜謐的生活。

因為伐木的關係認識了他們夫妻倆，常受邀至他們家一起小酌幾杯，熟識後有時還會借住幾日。當我發現對小竹日久生情後，礙於身份決定將感情埋在心裡，沒想到對我有著相同情感的小竹，卻認為是丈夫阻擋了我倆，竟哄騙丈夫一同行船並將他推到湖中溺斃！

老師問我：「後來呢？」，我知情後實在無法再面對小竹，便離開那裡，到其他的森林伐木，孑然一生的孤獨死去，再也沒有見到她。

老師再問：「那你今生遇見了小竹嗎？」，我深吸一口氣有點悲傷地回答：「是大嫂……」。

深藏的秘密浮出了水面，原來我不斷想接近他們的生活、模仿大哥的風格，是想成為大哥。如果在他們家看到大嫂的藥單，我都會仔細研究然後準備補品，再若無其事地交給大嫂要她好好注意身體。這些都是前世心中的遺憾與未完成的關心。

老師問我：「那你今生也遇到了小竹的老公嗎？」，我渾身顫抖哭著說：「就是我今生的父親，我認得他的手！就是湖面上那隻奮力掙扎後奄奄一息的手。」。

這一念之間的因緣成就了父親的冷漠，而那不該擁有的愛情，仍然不屬於自己。我都懂了。

ViVi老師的催眠觀點｜靈魂同源說

為了得到旭生的同意寫出這篇前世故事，Vivi 聯絡了旭生，也聊聊他這幾年來的變化。他在電話那頭爽朗的同意我分享這篇前世經歷之後，忽然間，他話鋒一轉，語氣略顯低沉的跟我說：「老師，妳知道嗎？大哥走了！」

我一邊感慨人間世事無常，一邊聽他敘述他的人生故事。在幾年前催眠回溯之後，旭生的大哥一如往常地善待他，也跟從前一樣沒有距離。他們仍舊是生活及工作上的好夥伴好朋友。直到一天，旭生與大哥相約吃晚餐，大哥說要去戶外跑步，然後赴約。

在大哥跑步的過程中，旭升依舊與他通過電話，後來，大哥沒來赴約。旭生焦急地不斷打電話卻無人接聽。直到傳來了令他傷心的消息：大哥跑步時，路上發生車禍撞上他，送醫前就不治身亡了……

日子雖然悲傷，但是旭生坦言，接下來的一兩年卻是他最快樂的時光。旭生更加關心大嫂，也就是前世小竹的生活，他內心深藏的情感可以藉由這些關心，一點一滴地傳達給大嫂知道。

但是，面對妻子的甜美體貼，旭生處在非常焦慮及矛盾的情緒中。殊不知，大嫂也在同樣的矛盾當中。當大嫂決定消失幾天獨自一個人去旅行之後，旭生就感受到大嫂刻意在他們中間築起了一道牆，旭生也下定決心維持這道牆。他們從此很少見面跟通電話，漸行漸遠，直到兩人都退出彼此的生活。

旭生說，也許大哥的靈魂設定，是永遠守護旭生的天使。所以他退出了人生的舞台，留給旭生及大嫂相處的空間。但是最終，旭生及大嫂仍然無法跨越心中沈重的負擔，他們的互動牽連了太多人的命運，其中有恩有情，也有恨也有怨。

旭生跟我聊這通電話的時候，我走入社區花園的寂靜處，靜靜地聽完他整個後續的人生故事。忽然間，他訴說了一個悲痛的心情。他說，如果能夠交換，他願意用生命中最珍貴的東西，換得這一切不要發生……

我在花園中抬頭仰望藍天，花園中綠樹隨風輕輕搖曳，藍天中白雲漫步，聚散無常，偶而陽光透出來微笑，這是個氣候宜人的秋日。但是，心中帶著苦澀的人們啊，你們會有心情抬頭欣賞這個世界的美好嗎？

我沈默了一下，隱藏了一句話。只是告訴旭生，「也許有一天，你會看到這已經發生的一切，其實另有意義。」然後我們彼此祝福就此收線。而我隱藏的那句話，也許他終有一天，可以用自己的生命去體會去領悟。

白雲與藍天的交集，聚散無常，就算有時也會呈現烏雲暴雨。但是這一切，都在宇宙完美的運作當中，平衡而且美好。命運也一樣。白雲從來不需要擔心與藍天無法相遇，一如我們的心總有一天會領悟命運的安排。要是有一天，旭生能夠看見，他整個生命就是愛，其他人的生命也是，他就能將這些人生中各種濃烈的愛與痛苦，緣分的牽扯糾纏，輕輕的放下，像是大人放下孩提時代的玩具一樣。

雲淡風輕，卻又喜悅開闊！

課題：我們都是「一」，來自相同的源頭

如果我們都能夠回到生命被創化之初，了解我們正在參與一個宏大的生命計畫，我們的靈魂，來自同一個源頭。我們就可以同理，每個人心中的七情六慾，貪瞋痴慢疑等各種情緒，人人皆有，只是濃度不同，表現出來的方向也不同，我們還會苛責其他人，視他人為毒蛇猛獸，恨不得某些人消失在這個世界上嗎？

當我們消融彼此的對立，將觀點轉一個方向，共同結合彼此的創造力，搭乘集體的力量支持彼此在這個星球中完成更大的願景。我們在人生劇中所扮演的角色，都是為了互相成就對方及自己的體驗而來。

我們的靈魂，已經歷經無數次的輪迴，我們最輝煌的自己，不也是在各種輪迴劇中，能夠發揮最大潛能的自己嗎？感謝這些陪伴我們演出人生大戲的好友伴，我們得以在戲中體驗我們「心」量的強度與極致！

那些最喜悅最開心，或是最痛苦最難受，都是一體兩面。當我們的心量擴展，心

中自然可以容納更多的寬容與慈悲。時常轉念看待人生，我們的人生就會順流走，心性也就更加圓融。我們自己體驗過幸福的滋味，就可以將幸福帶給別人。人人都可以成為好命幸福人！這就是我們重新選擇了命運，而非被命運給框架的重生之道。

其實這一點都不難，就從以下的練習開始轉念吧！

「消融對立痛苦」的冥想練習

首先，請在一個安靜的環境下，放鬆地坐著或是躺著。你可以蓋上小棉被以防著涼，也可以為自己點上一個小蠟燭，薰香或放一首輕柔的音樂，來陪伴自己的冥想過程。室內的燈光請勿太亮，必要的時候，可以跟家人或同住者先知會一聲，以防他們在過程中打擾。手機請記得關靜音，如果怕自己忘記這個引導過程的步驟，可以先錄下這些引導詞，或上網收聽Vivi為大家錄製的語音引導。冥想前請勿吃太飽或是太累，可以避免過於放鬆而睡著。如果在過程中被打斷，或是不小心睡著，請勿掛心。再找

一個安靜的時間，重新聆聽一次冥想引導即可。冥想能力是一種可以鍛鍊的能力，像是我們可以鍛鍊肌肉一樣，若讀者在聆聽冥想引導的時候，無法開展超感官能力連結內在的心靈世界，只要多練習即可。

在準備好的空間躺下或坐好之後，請先放輕鬆調息，做三個深深的大呼吸。吸氣的時候，想像溫暖光明的能量，經由吸氣進入自己的身體。吐氣的時候，請想像自己身上的疲累、擔憂、沮喪失落等等能量都被吐氣帶走。在三個大呼吸之後，將注意力放到我們的頭頂。

接下來，想像有前方有一道彩虹的光瀑布，我們走進彩虹的光瀑布，讓七彩的光從頭頂緩緩地流動下來，七彩光流經過我們的頭頂、臉、頸部肩膀、流經軀幹及雙手，再流過大腿膝蓋小腿及腳踝，經由腳趾頭流出去。七彩光流經過的時候，我們感到每一吋皮膚，甚至每個細胞都因此而放輕鬆了。我們很舒適地待在此時此刻，不想再有任何移動。並且保持放鬆的深呼吸。

接下來，想像前方有個美麗的森林步道，我們開始往前走，在這個過程中，觀察有哪些花與樹或是風景令你印象深刻？如果你在旅途中遇到其他人，他是誰呢？記下這些答案，如果記下答案的時候打斷了你的內在視覺之旅，就不要刻意去記憶，優先專注在你的內在心靈世界。

接著你會來到一個美麗的大草原，你在這裡完全的敞開心，雙臂伸展開來，然後呼喚與你有緣的友伴前來。首先，你看到了誰？也許是最愛的家人朋友，也有可能是挫折你最深的人，無論他們是誰，請試著與他們手牽手圍成一個大圓圈。隨著參與你生命偉大戲劇的人越來越多，大家拉起來的圓圈越來越大。甚至，有些模糊的面孔，你已經不記得曾經有過的互動了，你仍歡迎他們與你手牽手圍成一個大圓。

接下來，你開始唱起一首歌，也許是兒歌，也許是你很愛的歌曲，你讓整個圓圈的人，都隨著你的歌聲節奏輕輕搖晃，並且享受在這個輕鬆地擺盪當中。你也可以讓大家向內走，舉起雙手，也可以向後走，將圓圈拉到最大。

現在，你感受到你對大家的影響力的嗎？你知道這個世界不能沒有你嗎？你看著你深愛的人的眼睛，再看看跟你有過不愉快互動的人，你在他們的眼中看到什麼？

最後，請把千言萬語濃縮成三句話，請問你要對大家說什麼呢？

現在請撤掉大圓圈，跟每個人揮手道別。感謝他們參與你的生命，你對他們的生命，也非常重要！當所有人散去，你獨自站在大草原中，你現在心中的感受是什麼呢？當你完成，你可以完整的回來了！現在可以倒數～十、九、八、七、六……、三、

二、一！現在，請慢慢張開眼睛，動一動你的四肢身體，你已經完完全全回來了！

第23章

刺蝟少年

身心受創而不自知的那一夜
緊繃封閉

小智是我目前為止遇到年紀最年輕的個案。

正處於九年級的他，一直處於一種緊繃的情緒狀態，和父母親及學校的關係也越來越緊張，只要一緊張小智就越把自己包裹起來，用滿滿刺蝟去面對外界，造成誤會逐漸累積越解釋越不清楚，眼看著學校似乎已不太歡迎這個孩子，轉學的話對他的人生又恐怕造成更多的衝擊。

心急的母親在朋友的介紹下來到我這，希望能為孩子找到更多元的療癒方式，度過這個難關。在與孩子和母親聊過之後，我們達成共識，做一個今生的催眠回溯，來找出究竟是什麼事件，造成孩子生命中的土石流。

小智的回溯經歷

我已經不知道這是第幾天了，每天睜開眼睛就是看到爸爸又嘆氣又搖頭，然後媽咪偷偷看我的表情，一直問我的心情好不好，一直鼓勵我。我其實很想大吼：你們煩死了！

明明沒事，可是學校的老師跟同學就一直說我有事、我的情緒有問題，叫我爸爸媽媽去學校會談好多次。到底是怎樣，我覺得都只是很正常的小

事，大家卻要小題大作？

媽咪在公司好像擔任很厲害的職位，呼風喚雨的，可是一回家常常就是看我臉色配合我，我還常常聽到她偷偷在哭，好幾次都想帶著零用錢離家出走，可是一想到媽咪，我就猶豫了，我知道她真的很愛我，所以我都盡量配合她的安排。今天媽咪神祕秘地幫我請假，說帶我去一個地方。反正能離開學校，我覺得都可以。

那是一個木頭裝潢的教室，裡面的老師很親切溫柔地跟我聊學校的事還有家裡生活的事，我感覺可以相信她就聊了很多，後來老師跟媽咪問我要不要試試看催眠，我也不知道那是什麼，覺得也不會怎樣就說可以試試看。在老師的聲音裡我的回憶回到了那一天……

那天，我拿到成績單後有點沮喪，回家路上我走得很慢很慢。到家之後也到了跟朋友約定上線的時間，我很快就陷入網路的世界，不知不覺就過了晚餐時間。爸媽陸續回來，爸爸看到放在桌上未收的成績單，叫了我兩聲但我沒有回應，突然間門被打開了，遊戲搖桿被他摔到地上，他開始打我，我沒辦法思考發生什麼事情，只覺得身體很痛非常痛，然後聽到媽咪在旁邊不斷大叫。一切突然停止，爸爸臉上出現很奇怪的表情，他叫我回房睡覺不准再玩遊戲，媽媽衝過來檢查看看我有沒有什麼傷痕，然後也叫我早點休息。

這時催眠老師問我：「你現在願意去瞭解爸爸打你的時候的感覺跟想法？」我回答：「願意」。老師用了一些方式引導，我開始深入爸爸的心靈世界，原來那天回家之前，公司剛開完會，因為業績非常不好也許有被裁員的危機，所以他希望我好好念書，讓將來有更好的可能，結果一回家看到那很糟的成績單，我沒有反省竟然還沉溺在線上遊戲當中，爸爸一忍不住就對我動手了。

一直以為爸爸覺得打我沒什麼，沒想到他自己更難過，在爸爸的心靈世界中，我感覺到他深深的自責與難過，他的胸口幾乎喘不過氣。催眠中我跟爸爸和解，我們互相道歉也用力地擁抱。我忍不住跟爸爸說：「爸爸我愛你。」他溫柔地笑了。自從被打之後我就很少跟他接觸，他回家我就躲回房裡，一直覺得自己被討厭、被放棄了，是不值得被愛被關心的小孩，慢慢地對於別人的指責我都沒有感覺，無所謂了。在我們的擁抱中，我找回了爸爸愛我疼我的感覺。

催眠完成之後，我與媽咪回到家裡，我偷偷看了爸爸一眼，發現他也在看我，那是充滿關愛的眼神，我低頭快速回到自己房間不想給他們看到想哭的臉。現在我已經知道爸爸自己的壓力跟對我的愛了，我會好好努力的！

ViVi老師的催眠觀點——被刻意遺忘的傷痛，造成人生的土石流

小智的父親不是常常暴力對待孩子，但也不是第一次打孩子，所以他們全家沒有意識到那一次事件對孩子的影響是如此巨大！

每個人都在匆忙地被時間碾壓過中生活，在忙碌當中，可能常常沒有覺察到，什麼事對我們影響甚深。但是這種關鍵事件的創傷，會無時無刻地佔據我們的心靈，影響我們的心情！例如，暴打孩子的時候，當下孩子嚇到，他會全盤接受了這個憤怒指責的情緒，從此在潛意識中覺得自己不夠好，甚至開始自我貶低，或是封閉情緒。在這個例子中，小智的家人試過很多方法，一直找不出孩子行為偏差主要原因，沒想到，經由催眠引導，孩子可以想起關鍵的時間點，反而找到了原因。

我們大腦有個自我保護的機制，如果突然發生了激烈的情緒變化，在事過境遷之後，反而會遺忘重要片段，也是情緒最激烈的片段。例如車禍之後，有些人反而想不起來當時的事發經過，或者只有斷斷續續的片段，就是因為我們的大腦在保護我們自己。突如其來的暴力事件也有類似的情形，最大的傷痛反而會被遺忘。

但是，我們的五種感覺輸入器官，也就是「心經」中所說的「眼耳鼻舌身」，在經歷重大情緒事件的當下，仍然持續的輸入周遭環境中鉅細靡遺的資訊，不因為我們情緒波動而受影響。這五種輸入的資訊也成為了我們的視覺記憶、聽覺記憶、嗅覺味覺記憶、還有身體覺受的記憶。有些人在經歷全身麻醉時，表面上看來一片昏睡，但其實他的這些感官仍然持續接收外境的資料，也持續儲存在他的記憶深處。經由催眠的引導，他可以回憶起這些片段。

因此，在歷經重大的情緒震盪事件的時候，大腦為了保護我們，會自動淡化這些事件對我們表面意識的影響力。但是，當我們處於很激烈的事件當中，這時候所植入的信念會非常強烈，之後對人生的影響力，甚至會演變到外人看來很不合理的情況。有個例子，是有對夫妻感情甚篤，但是在婆婆過世之後，先生卻開始不斷地外遇。這位太太氣質高雅外表條件也非常好，但是她先生外遇的對象，都是中年媽媽的模樣完全不如太太。這位太太很痛苦也很疑惑，終於讓先生同意進行催眠之後，他才開啟了一段記憶。

先生小時候是家暴受害者，每次爸爸要施暴於他，他的媽媽就會衝過來，用力的抱住他也保護他，嘴裡不斷跟他說：「我們一輩子都要在一起，我們一輩子都要在一起！」在母親與他都被打的強烈的情緒事件當中，他植入了一個很深很深的信念，就是「一輩子要跟媽媽在一起」。因此，他的母親過世之後，他不斷地尋求母親的代替者。回頭檢視先生的外遇對象，有的是髮型像媽媽，有的是說話像媽媽，有的則是做飯很像媽媽。

當在催眠的過程中，我們可以依照個案的自由意志，讓他釋放他深植的誓言、承諾與僵化的觀念。這些誓言、觀念都不是我們自己真實的模樣，但是我們卻被它們影響很大～我們當中有多少人，常常拿著父母親的一句口頭禪來經營我們的人生？例如：「我爸常說這樣這樣……」，「我媽媽常常這樣做這樣做……」對父母充滿愛敬與孺慕之情當然是一件很棒的事，但是，我們必須機敏地覺察每個人都是不同的個體。

敬愛父母親的最佳表現之一，就是將自己的潛能及生命力活到至高至善的表現，這與活出父母親的模樣不同！當我們榮耀了自己的生命，同時也榮耀了父母的生命，這是不可變的源頭，是我們生命之始。

課題：脫離控制 面對暴力的勇氣

暴力是人類生物本能中的惡劣行為之一。家庭暴力的本質是「權力」與「控制」。施暴者通常認為自己比家庭中其他成員更有權威，因而他可以決定用任何形式（包括暴力）來處理或控制行為不符合他要求的其他家庭成員。家庭施暴者對於受暴者的傷痛可能會影響非常長久而且深刻，更有甚者，受暴者有一天可能也會成為家暴者。

這個篇章所要帶領的冥想是「面對暴力事件的勇氣」。受暴者由於內心深處的恐懼加上受暴的經歷，往往會失去自己的力量，同時，也會放大加暴者的威嚇及權力。陪伴一位受暴者走出傷痛的經驗，建議要諮詢專業人員，並給予同理的陪伴及長久的療癒關懷。但最重要的，是受暴者本身願意面對暴力事件，甚至有勇氣面對家暴者。

我們的身體有強大的自癒及修復能力，我們全身的組織及器官，隨時都在進行更新的動作。大約每隔七年，就歷經一個全身的大改造，也就是所有細胞都已被更新。身體的傷痛及傷痕，也許早已代謝更新；但是若我們的記憶一直緊抓著被傷害的時刻，我們的大腦不斷重演這些內容，我們的心就會因恐懼創傷而緊緊關閉，更看不到人生會有更多元發展的可能性！

因此，我們今天在冥想中，就是要帶領各位，尤其是有被暴力傷害經驗的讀者，勇敢面對這個傷痛！拿回自己的力量！各位準備好了嗎？我們出發！

「拿回自主權」的冥想練習

首先，請在一個安靜的環境下，放鬆地坐著或是躺著。你可以蓋上小棉被以防著涼，也可以為自己點上一個小蠟燭，薰香或放一首輕柔的音樂，來陪伴自己的冥想過程。室內的燈光請勿太亮，必要的時候，可以跟家人或同住者先知會一聲，以防他們在過程中打擾。手機請記得關靜音，如果怕自己忘記這個引導過程的步驟，可以先錄下這些引導詞，或上網收聽Vivi為大家錄製的語音引導。冥想前請勿吃太飽或是太累，可以避免過於放鬆而睡著。如果在過程中被打斷，或是不小心睡著，請勿掛心。再找

一個安靜的時間，重新聆聽一次冥想引導即可。冥想能力是一種可以鍛鍊的能力，像是我們可以鍛鍊肌肉一樣，若讀者在聆聽冥想引導的時候，無法開展超感官能力連結內在的心靈世界，只要多練習即可。

在準備好的空間躺下或坐好之後，請先放輕鬆調息，做三個深深的大呼吸。吸氣的時候，想像溫暖光明的能量，經由吸氣進入自己的身體。吐氣的時候，請想像自己身上的疲累、擔憂、沮喪失落等等能量都被吐氣帶走。在三個大呼吸之後，將注意力放到我們的頭頂。

接下來，想像有一股清涼潔淨的水流，由我們的頭頂緩緩地流動下來，這個水流經過我們的頭頂、臉、頸部肩膀、流經軀幹及雙手，再流過大腿膝蓋小腿及腳踝，經由腳趾頭流出去。水流經過的時候，我們感到每一吋皮膚，甚至每個細胞都因此而放輕鬆了。我們很舒適地待在此時此刻，不想再有任何移動。並且保持放鬆的深呼吸。

接下來，想像前方有個美麗的森林步道，我們開始往前走，在這個過程中，觀察有哪些花與樹或是風景令你印象深刻？如果你在旅途中遇到其他人，他是誰呢？記下這些答案，如果記下答案的時候打斷了你的內在視覺之旅，就不要刻意去記憶，優先專注在你的內在心靈世界。

接著，你來到一個美麗大草原，這個大草原有一點坡度起伏，地上長滿了柔軟的小草還有許多不知名的花朵。微風輕輕吹著，還飄來一陣花草的芳香，你正愜意的享受這一切的時候，突然間眼前出現一團黑氣站在面前，而你周遭的景物也突然變得灰暗失去了生命力。

仔細看看，這團黑氣有多大？是否比你自己大許多？還是跟你一樣大或是更小？也許你會不想再看下去，但是此刻我要鼓勵你，你非常安全而且受到保護，你正在觀看一個非常逼真的4D電影，你此刻是完全平安的。

如果你願意繼續看下去，請仔細看著這團黑氣，他是一個人嗎？他是誰？你認識他嗎？

當你越看越清楚的時候，你仔細看著他的眼睛及表情，你在他臉上看到什麼情緒？

接著：請你很鄭重地對他說，你對於他的行為有哪些無法接受的地方，以及你對他真實的感受。當你如此敘述的時候，如果感到傷心難過，請讓情緒及淚水自然的流洩出來，不要壓抑這個感受。接下來，你請他伸出手攤開手掌，你在他的手中看到一顆珍珠，那是你的珍珠，是你的力量。你因為受暴力的恐懼而被掠奪的力量。

現在，你對他伸出手，要回這顆珍珠。當你拿回這顆珍珠時，雙手捧著它將它放回你的內心。閉上眼睛，持續的深呼吸，讓你的力量重新回到身體內。當你完全地收回你的力量的時候，請再度張開眼睛看向前方。

此刻，那個曾經傷害過你的人還站在你面前嗎？他看起來體型如何？跟剛剛有什麼不一樣？他的表情如何？你的心情又是如何？此刻，你能夠平靜且平等地站在他面前嗎？這時候，他開口對你說話，請問他說了什麼？他道歉了嗎？

你可以回應他或繼續與他對話，或者保持沈默。但最重要的，是你已經可以跟隨著自己的心與他互動，而不是處在壓力恐懼及暴力的脅迫之下。此時，請你觀察你周遭的環境，你所在的大草原已經恢復了原來的鮮豔美麗嗎？你的心情如何？如果你已經恢復了平靜，我們將要從冥想中慢慢回來。

現在我從十倒數到一，你會完整地回到此時此刻此地。你準備好了嗎？十、九、八、七……三、二、一！你可以慢慢張開眼睛了。

第24章

神諭死期將至

我剩下的人生該怎麼辦？

茉莉是我非常早期的個案，嬌小美麗的她，總是在談笑間不經意流露出一絲心事。直到她知道我學習了催眠技巧後，馬上提出想被催眠的意願。因為這個美麗的緣分，在多年之後的現在，我才能分享她如何跨越死亡疆界的故事。

茉莉的回溯經歷

我向來是個獨立自主的人，生活優渥無慮，每天忙著參加各式下午茶、紅酒會、

慈善活動等等，到哪人家都稱我一聲夫人，日子要怎樣過真的輪不到別人來教。但直到有一天，某位修行的老師要我好好養生，說我陽壽只到四十二歲。他並不是一位譁眾取寵的師父，若預言成真，我就只剩下四年時間了，這下我真的不知道該怎麼辦了。

馬上預約了做了好幾間頂級設備的健檢，並沒有發現任何問題，最後我買好保單決定開始大肆享受最後的人生。雖然這樣，但是荒唐玩樂的時候還是忍不住胡思亂想，聽著陪同玩樂的大家說很羨慕我這樣生活，心想如果可以交換陽壽她們應該也是逃的逃跑的跑；一手拉拔的繼子在我離世之際也會回親生母親那吧；老公常年在新加坡經商，當時的甜蜜現也都零碎。無數消極念頭一個又一個冒出，我既無隱疾又不冒犯他人，說真的，怎麼也參透不了自己四年後會怎麼死。

那天跟朋友在KTV喝酒歡唱，聊到他透過催眠看前世今生，竟然可以看到這輩子怎麼死的，以及還有多少年可以活，當下也只是聽聽，怎料隔天醒來卻一直放在心上，太想要知道自己最後一刻是怎麼回事的我依約來到工作室。

按照催眠回溯師的指示，我推開腦中浮現的大門，看見自己在天空中飄盪，也像在飛翔，催眠師問我，「你現在是靈體還是有身體？」，我回答：「沒有身體。」

她又問，「你現在所處的時空是西元幾年？」，無念無想的我依著直覺回她，等催眠結束後才知道，說的正好就是四十二歲那一年。我真的死了，我的靈魂在空中飄著。在空中飄的感覺其實並不恐怖，在引導下我看到了過世的親人並與她們相會，原本心裡的不安和對死亡的恐懼都慢慢地放下。

接下來，催眠回溯師請來天使為我回顧一生。

光亮的翅膀輕掃過我，讓我放下了一向獨撐大局的堅強，靠在祂的身邊，慈祥溫暖的聲音傳來，祂問我，「妳今生來學習的課題是什麼？」，我直覺的回祂，「愛與寬容。」，祂問我學會了嗎？我答不上來。

祂：「妳真的愛妳的家人包括繼子嗎？」

祂：「妳真的愛妳的先生嗎？」

祂：「妳覺得用酒醉是寬容自己的方式嗎？」

祂：「狂歡生活的這幾年有感受自己在愛自己嗎？」

我：「不要再問了！」我放下偽裝的堅強，問出心中最想問的一句話：「我還有機會嗎？」

祂：「可以的，但妳得學會愛與寬容。」

從工作室出來，淚水讓眼前一切都變得朦朧，我無法開車回家便搭上計程車，在回家的路上我知道該怎麼做了。

真實面對自己很難，面對了才知道自己從來沒有認真承擔過什麼，經濟靠丈夫、連生孩子都是撿現成的，我雖不是壞心後母，也好好照料他的生活，但從沒貼近他的內心世界，這樣的我怎能期待他跟我親近呢？知道老公愛我疼我，但我是否還可以對他表達更多的愛並且依靠他呢？

扔掉狂歡那時的酒，慢慢整理自己並且開始找工作，我踏進了保險業。歡唱買醉時每個人都像是莫逆之交，好像人緣很好，現在才知道什麼是真正的友誼，不瞭解我的總是有所耳語，我知道這總總一切都是「愛與寬容」的承擔課題，這些考驗讓我更愛現在的自己，更珍惜還在身旁的朋友，也才發現先生竟是我事業上最佳隊友，縱然成績時好時壞，他從沒有多說一句話，只是一直默默地支援著我。

不久之後，他因為職務調動，難得可以回台灣休息幾個月，夫妻倆有了長時間相處，吵吵鬧鬧磨合了好一陣子，快不行時想到天使給予的課題，收起情緒，學著去愛我老公，這才發現原來他就是用「愛與寬容」的方式疼愛著我，總是讓我做自己認為對的事。對於正值青春期的兒子，想想自己年輕時也是如此，便收起了婆媽的囉唆。現在只想在接下來短短的有生之年，用愛跟智慧好好地跟他們生活。

如今，我已經超過四十二歲了，在師父訝異的表情下，自己有點不好意思破除了他的神算，但心裡非常感謝他的洩漏，這才讓我有機會轉變。好好生活不容易，放縱是很簡單的選擇，只是現在的我選擇用愛與寬容繼續活下去。

ViVi老師的催眠觀點　尋找生命藍圖的主題，讓今生不白過

人真的有預定的死期嗎？如果有的話，我們能夠改變既定的生死行程嗎？

茉莉是Vivi多年前的個案，感恩我們這個緣份，我們才能夠保持聯繫直到她破解了命運的四十二歲大限的框架。重新活出她想要的人生！Vivi改變了她的命運嗎？完全沒有！是勇敢的她自己改變了自己的命運！

我們出生之前，就擬定了一生的「生命藍圖」，何時會發生什麼事，其實是有一個預定的時間。這也就是我們為何用五術算命之方法，可以瞥見生命輪廓的原因。但是，我們走在人生道路上的心路歷程，卻是操之在我不在天。遇到一個困境，我們可以選擇慣用固有的習性與思維方式來處理，或是轉煩惱為菩提，將自己的心態提升到另一個境界，這個決定權在我們自己的手上！

假設說，生命藍圖是一個已經寫好的程式，在我們出生前寫程式的時候，會放入以下的元素：包括過往人生的因果業力，加上我們今生想要完成的心願，再加上我們的天賦才能與人格。程式的結果就組成了第一版本的生命藍圖。

當我們經由不斷的學習、自省、多做善事，隨時抱有善念，也改變了天生帶來的習性與個性的時候，就產生了與第一版的生命藍圖不一樣的選項。而這個變化，自然會帶動既定的生命藍圖的變化。

尊重我們第一版本的生命藍圖，這可以自省我們為何而來。但切莫被這個生命藍圖給框架了我們的潛能。知命才能造命，就是提醒我們覺察自己的習性，有意識地改變自己。如此一來，我們會走向第二版，甚至更多版本的，不同於出生前計劃的人生路途！

還有什麼比這個更有趣的呢？Vivi祝福大家懷抱著探險的心情，勇敢踏出舒適圈，探索生命無限的可能！

課題：不可逃避的命定責任

生命藍圖是我們出生前就規劃好的生命計畫書，其中包括了我們今生想要體驗的主題，還有我們的天賦。當我們發揮了天賦，從中體會到了意義及快樂，並且運用這個過程的經驗，確實幫助其他人，就實現了我們的生命藍圖。

而今生想要體驗的主題，有時候會從較為艱辛的起點出發。例如，想要體驗寬容與慈悲，也許就會投生在一個缺乏寬容與慈悲的環境中成長。想要體會無條件的愛，就會在人生早期經歷關於這個主題的嚴苛考驗。為什麼？因為人生是一連串的學習過程，唯有面對問題且解決問題，我們的心智，才會在這個過程中逐漸修煉圓融且成熟。因為不想再受苦，我們才會起身尋求解決之道，從自省開始，加上轉念還有創造的過程中，對自己的命運負上百分之一百的責任！因此，今天的練習，就是帶領你看到命運之書當中的大綱，明白今生的命運為何而來。

「閱讀生命藍圖」的冥想練習

首先，請在一個安靜的環境下，放鬆地坐著或是躺著。你可以蓋上小棉被以防著涼，也可以為自己點上一個小蠟燭，薰香或放一首輕柔的音樂，來陪伴自己的冥想過程。室內的燈光請勿太亮，必要的時候，可以跟家人或同住者先知會一聲，以防他們在過程中打擾。手機請記得關靜音，如果怕自己忘記這個引導過程的步驟，可以先錄下這些引導詞，或上網收聽Vivi為大家錄製的語音引導。冥想前請勿吃太飽或是太累，可以避免過於放鬆而睡著。如果在過程中被打斷，或是不小心睡著，請勿掛心。再找一個安靜的時間，重新聆聽一次冥想引導即可。冥想能力是一種可以鍛鍊的能力，像是我們可以鍛鍊肌肉一樣，若讀者在聆聽冥想引導的時候，無法開展超感官能力連結內在的心靈世界，只要多練習即可。

在準備好的空間躺下或坐好之後，請先放輕鬆調息，做三個深深的大呼吸。吸氣的時候，想像溫暖光明的能量，經由吸氣進入自己的身體。吐氣的時候，請想像自己身上的疲累、擔憂、沮喪失落等等能量都被吐氣帶走。在三個大呼吸之後，將注意力放到我們的頭頂。

接下來，我們想像有一股清涼潔淨的水流，由頭頂緩緩地流動下來，這個水流經過頭頂、臉、頸部肩膀、流經軀幹及雙手，再流過大腿膝蓋小腿及腳踝，經由腳趾頭流出去。水流經過的時候，我們感到每一吋皮膚，甚至每個細胞都因此而放輕鬆了。我們很舒適地待在此時此刻，不想再有任何移動。並且保持放鬆的深呼吸。

接下來，想像前方有個美麗的森林步道，我們開始往前走，在這個過程中，觀察有哪些花與樹或是風景令你印象深刻？如果你在旅途中遇到其他人，他是誰呢？記下這些答案，如果記下答案的時候打斷了你的內在視覺之旅，就不要刻意去記憶，優先專注在你的內在心靈世界。

沿著森林步道，最後，你抵達了一間房屋。

你一看到這間房屋，就知道這間房子屬於你，找到大門走進去，在房子的正中央，有張桌子，桌上放著一本書。你仔細的看看，書本上有寫任何字嗎？將書放在手上，專心地問自己：「什麼是我今生生命藍圖中，預定圓滿的生命主題呢？」

將書隨機地打開，看看裡面的文字，是否回答了你的問題？

回想一下你今生的哪些經歷，與這個生命主題相關？

你已經完成了這個生命主題的多少百分比？請勿思考，用直覺作答。

你想要體會新的生命主題嗎？

如果是，你想體驗什麼？拿起筆將你想體驗的生命主題寫入你手中的這本書。

你需要任何來自更高頻能量的祝福嗎？請將你需要的祝福，寫入這本書中。

完成之後，請將書放回桌上。接著我從十倒數到一，你會完完全全地回到此時此刻此地。

十、九、八、七、六……、三、二、一！現在，請慢慢張開眼睛，動一動你的四肢身體，你已經完完全全回來了！

第25章

直覺的聲音

”幸福不遠就在墾丁海邊，為何我遲遲無法行動？

凱特是位非常熱心助人的上班族，她總是喜歡照顧別人，卻不好意思享受被照顧的滋味。對家人、對工作、對客戶朋友付出，似乎已佔據她每天團團繞繞的所有生活，卻總忘了自己。

當我問她愛不愛自己？她老是會嘆一口氣，順從地接納命運對她的不公平，也接納著付出一生卻無回報的孤寂感。原本我們只是想要藉由催眠看到凱特與原生家庭的前世緣分，卻意外地開啟了一個很特別且玄妙的未來之旅。

凱特的回溯經歷

這一切真的會發生嗎？真的可以在未來過著這樣美好的日子嗎？

我與來自希臘的老公在墾丁一同經營充滿異國風情的衝浪民宿。早上，我們在陽光裡起床，烘焙麵包搭配自製果醬優格，為民宿客人準備富有地中海風味的早餐，晚上與老公一起喝著自釀的葡萄酒。

我，感受到從太平洋上吹來的海風，金色陽光灑在他黝黑的皮膚上，沖掉了身上的沙，我們開心地佈置與打掃每一個充滿故事的房間。

如此簡單快樂的生活是催眠回

溯時我所看到的未來。

內心非常渴望這樣的未來可以帶我脫離眼前的泥沼，但現實中的我，只是個在台北拚命生活的上班族。在公司參加團購希臘橄欖油還可以，一場浪漫的異國戀情真的想都不敢想。

第一次催眠回溯之後，跟朋友分享了看到的未來，朋友再跟她的閨蜜分享時，沒想到真的有這個地方，她們投宿的屏東海邊民宿，真的有衝浪板跟形狀特別的椰子樹，不可置信的是一頭棕色捲髮的民宿老闆就來自希臘，當朋友將那裡的照片傳來時，我連連驚呼：「就是這裡！就是這裡！」

彷彿像電影般，一切都就緒了，就等著女主角出現，朋友一直催促著我，甚至要組團陪我殺到墾丁，但我就是怕……。

為了確認，在老師引導下我重返催眠場景，再次來到未來，時間大約是2019年的秋天，我們陷入熱戀，隔年到希臘結婚，並且在歐洲各國進行蜜月之旅。

每次跟催眠老師聯絡，她會半開玩笑地問我到底鼓起勇氣去墾丁了嗎？我總是找了一堆藉口，就是不肯去印證催眠所見那頭濃棕捲髮與熱情開朗的笑容，甚至連上網google那民宿照片的勇氣都沒有，自己到底怕什麼呢？

在心中問了自己千百回，是怕離鄉背井嗎？捨不得相依為命的家人？還是什麼？雖然還是找不到答案，但我知道那些疑惑都不是真正的理由，日復一日我仍然像個呆板的機器人，整天穿梭在工作的壓力與壓榨之間。

自從見到了未來幸福的我，常常會一邊聽著催眠回溯時的錄音，一邊自問：「我離那未來還有多遠？」

從小我就是個直覺過人的小孩，對於危險異常敏銳，有時候大人出遊還會問我意見。催眠老師也稱讚我的直覺過人。那未來的場景並非出於想像，難道是工作壓力太大，把我的直覺都抹消了嗎？自身矛盾讓我越來越宅，越來越厭世的心情讓我真的很討厭自己。

就這樣，我拖延過了本該熱戀的2019秋天，拖延過了吃著年夜飯卻食不知味的庚子新年，正當我結束年假，死氣沈沈準備回職場時，大事發生了！

新冠肺炎開始在全球蔓延開來，尤其是歐洲，希臘、西班牙、義大利這些國家都被疫情嚴重影響，死亡及感染率非常嚴重。我沈默地看著這些怪異的事件，似乎踏進了一個完全陌生的世界而無力招架。直到有一天與催眠老師聯絡，她忽然點醒我，也許我不明原因地拖延這個戀情，就是天生直覺讓我避開了原來可能的歐洲旅遊計畫，化險為夷。

現在的我報名了線上希臘語言課程，還買了希臘食譜回家學著做。我要保持自己的明媚光彩，直到我啟程前向墾丁的那一天！到時候，我會對著那個濃密捲髮的他，嶄露開朗笑容，自信地說上一句「Π ς ε σαι; Χα ρομαι που σε γνωρ ζω.」（你好嗎？很高興認識你）。

雖然我不確定民宿老闆會不會在原地等我，反正我的夢想最大！直覺萬歲！

ViVi老師的｜催眠觀點｜內在警鈴的預告

凱特非常健談開朗，個性溫暖親切。在她密集跟我做催眠回溯的那段日子，我們總是看到她未來與希臘老公在歐洲結婚及蜜月旅遊的一幕幕場景。再加上凱特的友人，看到了她在催面中預視未來所描述的墾丁民宿場景，Vivi滿心的祝福她幸福美滿。陪她一同等待戀情開花結果的那一天。

沒想到凱特卻遲遲不肯動身南下，甚至用更多的工作量壓榨身上的所有力氣，讓自己無暇度假。基於尊重每位個案的自由意志，Vivi只能表示關心，卻不會左右她的決定。直到 2020 年，新冠病毒的出現，在歐洲造成嚴重的傳染，我們才破解了凱特的拖延，是她直覺的自我保護。

如果說，Vivi 之前的催眠個案們的前世經驗都是歷史劇，凱特的經驗就可以列入「時事劇」了。期待並且祝福，新冠病毒的影響能夠日漸趨緩，各國的疫情可以得到控制甚至消失。可愛的凱特，戀情能夠開花結果！

課題：實現美好願望的冥想

在催眠當中，可以穿越時間，預視我們的未來生活。但是這裡所說的「未來」，是以當下被催眠的這個時空點沿著時間軸線發展，「最有可能」發生的未來。事實上，未來有許多個版本。因此，我常常跟來訪的個案說，不要太過於執著於在催眠當中看到的未來，因為，一旦我們抉擇了新的人生方向，或是轉化了我們的心性，都有可能轉變了未來可能發生的人生遭遇。

如果我們看到一個未來，是心中很喜愛的生活，我們的理想也都開花結果，那要如何強化自己的意念，讓美夢成真？這個練習可以為我們帶來效果。運用「吸引力法則」當中的重要關鍵：美夢成真靠的是「感覺」而非頭腦的思維。我曾經有位個案想知道她即將要參加一個錄取率很低的國家級考試能不能通過，她在催眠中看到未來真的考上了！而在真正要參加考試的前一天晚上，她很焦慮的問我她要做些什麼來幫助這次考試？我請她在睡前先躺好放輕鬆，讓自己回到被催眠時看到的場景當中，看到她自己正在看榜單，並且深刻地將自己沈浸在放榜時的雀躍心情中。

過了一陣子，她寫來好消息：真的考上了！

向宇宙下一張成功的訂單

首先，請在一個安靜的環境下，放鬆地坐著或是躺著。你可以蓋上小棉被以防著涼，也可以為自己點上一個小蠟燭，薰香或放一首輕柔的音樂，來陪伴自己的冥想過程。室內的燈光請勿太亮，必要的時候，可以跟家人或同住者先知會一聲，以防他們在過程中打擾。手機請記得關靜音，如果怕自己忘記這個引導過程的步驟，可以先錄下這些引導詞，或上網收聽 Vivi 為大家錄製的語音引導。冥想前請勿吃太飽或是太累，可以避免過於放鬆而睡著。如果在過程中被打斷，或是不小心睡著，請勿掛心。再找一個安靜的時間，重新聆聽一次冥想引導即可。冥想能力是一種可以鍛鍊的能力，像是我們可以鍛鍊肌肉一樣，若讀者在聆聽冥想引導的時候，無法開展超感官能力連結內在的心靈世界，只要多練習即可。

在準備好的空間躺下或坐好之後，請先放輕鬆調息，做三個深深的大呼吸。吸氣的時候，想像溫暖光明的能量，經由吸氣進入自己的身體。吐氣的時候，請想像自己身上的疲累、擔憂、沮喪失落等等能量都被吐氣帶走。在三個大呼吸之後，將注意力放到我們的頭頂。

接下來，想像有一股清涼潔淨的水流，由我們的頭頂緩緩地流動下來，這個水流經過頭頂、臉、頸部和肩膀、流經軀幹及雙手，再流過大腿、膝蓋、小腿及腳踝，經由腳趾頭流出去。水流經過的時候，我們感到每一吋皮膚，甚至每個細胞都因此而放輕鬆了。我們很舒適地待在此時此刻，不想再有任何移動，並且保持放鬆的深呼吸。

接下來，想像前方有個美麗的森林步道，開始往前走，在這個過程中，觀察有哪些花與樹、或是風景令你印象深刻？如果你在旅途中遇到其他人，他是誰呢？記下這些答案，如果記下答案的時候打斷了你的內在視覺之旅，就不要刻意去記憶，優先專注在你的內在心靈世界。

接著，你看到前方有一個隧道，隧道的另一頭散發著金色的光芒。這就是時光隧道，通過了時光隧道，你將會抵達一個美好的未來。接下來，當我數到三，你會進入時光隧道，一、二、三！

好了~現在你已經進入時光隧道，請你輕鬆地朝向光亮的出口前進，直到完全的走出洞口。現在你已經走出了時光隧道，先仔細看一看，你的身邊有哪些景物？現在是西元幾年？（用直覺回答）

接下來，看看你的身邊有誰？你的工作家庭還有感情生活都如何？記下這些美好的感覺，並且盡可能地讓你在這個場景中停留久一點，更深入的看到或感覺到更多未來世界的細節。

現在，你已經記住這些感覺了嗎？如果你已經完成了，請準備回到此時此刻此地。我現在從十倒數到一，你會完完全全的回來。十、九、八、……三、二、一。好的，你已經完全的回來了，請張開眼睛，動一動手腳，慢慢的起來。

第26章

無果的七世情緣

未竟的心願是擁有妳的愛

漢克是位外型條件跟工作表現都相當亮眼的年輕人，但是，他卻始終對一位多年前分手的女友難以忘懷。雖然分手後這些年曾經嘗試談過其他戀愛，這位前女友的身影卻一直盤據他的心頭，然而，他卻得知這位最愛的前女友已有論及婚嫁的對象。

生命像流水一樣不斷向前，兩人的愛戀卻擱淺在沙洲，不能再繼續前進也不能流動。漢克迫切想要了解，為何他們的緣分這樣深刻卻沒法再續前緣？

漢克的回溯經歷

「他比你更適合我，我們以後就不要再見面了。」

妳溫柔但清楚的這樣對我說。我沈默不語，想著過往相處的點點滴滴，我們真的如此不適合嗎？

在彼此相愛的過程中我犯了什麼錯？

該怎麼做才能讓妳願意繼續留在我心中的幸福愛情裡？

無法挽留妳的我不斷倒帶重溫在一起的時光，但那些畫面也隨著時間開始褪色，我只能透過催眠回溯尋找，想知道妳我之間的羈絆是何時開始變得如此強烈，更想知道今生妳會不會回來？會不會在最後發現我才是那個最適合妳的人？

我看到的第一個場景，是在歐洲中世紀古堡莊園裡的一個角落，父親天天站在一個爐子旁，不斷將礦石與木炭往在爐內送，我在一旁不斷地用鼓風箱讓爐內火焰越燒越烈，數小時後礦渣從爐底開口流出，爐內赤紅的鐵塊等著依照妳方才的設計進行鍛打。被領養的妳和我就這樣一同長大、相愛，我打造一只鐵戒當作對妳的誓言。

這陣子不太平靜，各大莊園間的戰爭讓家裡充滿了兵器訂製的鍛打聲。當我與父親被軍隊徵召時，我穿戴妳為我鑄造的鐵甲、頭盔與佩劍上戰場，妳則是一肩扛起這個家。然而我們還是失守了，狼狽地回到家裡見到已躺在血泊之中的妳，拳裡緊緊握著那只戒指。我發誓下輩子一定要誓死保護妳。

隨著催眠回溯師的指示，再往下一世前進。

不是說要誓死保護妳嗎，我到底有沒有做到？

看見我跟妳在大殿上討論這次的作戰計畫，妳的衣著如此華麗高貴，而我稱呼妳為女皇陛下。從小就看著妳長大直到繼承皇位，雖然想要呵護妳與疼愛妳，但礙於身份總是維持最基本的互動沒有逾越。

先皇才一離世，其他星球的人便發動星際戰役要奪取王位，竊取鑽石鐵薔薇想要抑制我們永恆之焰的神力，更覬覦你的美色。我在戰役中光速穿梭只為了保護妳與鑽石鐵薔薇，由於神力受到抑制，我再度進到宇宙深處設法回復鐵薔薇的超能力，卻不小心讓乙太場域更加動蕩，雖然好好保住了妳以及鐵薔薇，但自己因此耗盡了所有神力殆盡而亡，在消失前我是那麼希望，能再有一次機會，可以好好愛妳。

今生，終於讓我有機會與妳相戀，但卻也就這麼一次，我要眼睜睜看著妳挽那人的手走向你們的未來。我開始在想，他前世是如何許下誓言，竟比我更強烈，你們又會是怎樣的結局，今生我的身邊沒有妳，那下輩子呢？正當我湧出無止盡地的問題時，老師的聲音傳來，「你想看看妳們的未來嗎？」

這次我是一位「類人類」，為了一樁生技收購案，不知道在多少星際之際來回穿梭，意外在實驗室見到了正埋首工作的妳，我知道那就是妳。那天星際視訊簡報中發表星際鐵元素的研究與運用，整個過程中妳表現得完美無瑕，為了引起妳的注意，我找碴般地問了個鑽牛角尖的問題，也想開啟妳我前世相關的記憶，回答中的妳充滿高貴女王的氣質，也有著此生剛毅聰慧的致命吸引力。我藉由收購案買下實驗室，能再一次接近妳的心嗎？答應我，在我身邊吧，為了這句話，我願意等妳到下一個來生。

ViVi老師的催眠觀點 圓滿的緣份，來自於每一世經歷的累積

如果說，我們不斷經歷輪迴的目的之一，就是想要修正過往的遺憾，或是圓滿我們未竟的心願，那漢克的經歷，可說是展現輪迴機制很完美的例子。

當我在為漢克催眠的時候，我用的是倒敘的技巧，一世一世的往前回溯。整理這一路以來的轉世歷程，我們可以看到漢克的每一世，與女主角緣分中未完成的心願，都環環相扣著下一世他所選擇的生命藍圖。

因此，我運用了魏斯博士的預視未來的技巧，讓漢克抵達他與女主角的未來。他在飛越到未來的預視中，帶出了大量對於未來科技的描述，這增廣了我與漢克的視野。當然，最重要的，是他終於突破與女主角在來世初相遇時，彼此互不相讓的勢均力敵與針鋒相對，最終成就了終生相守的圓滿結局！

若說，我們在輪迴的經歷中，可以比喻是我們的靈魂戴上VR（虛擬實境）的儀器，開始體驗一個稱為「人生」的經驗。而我們想要經歷的「人生」的主要大綱，是事先就製作好的程式。我們因此能用更高的視野，來俯瞰今生生命的全域地圖嗎？在此刻的人生中，我們的一切感受，是如此的真實。在我們具足完整的能量，能深刻體會人

生劇場，再打破二元對立的疆界之前，其實沒有必要去強制我們自己，將此生的一切經驗定義成「虛幻」或是「鏡花水月」。相反地，Vivi 會邀請大家更加深入我們的人生劇情，更加深入內心深處，用我們最真實的感受，共鳴我們的人生劇本。深刻地融入劇情，我們將會碰觸到內心最強大的力量本源。當我們發現自己正在觀看自己的人生，而驀然回首，誰是演員？誰是觀眾？誰又是導演？這剎那之間的明心見性，將從此自然而然地帶領我們清醒地熱情入戲！

我們因此能夠擁抱所有的選擇，並全然地為自己的生命負責！

課題：預定理想未來的練習

宇宙間擁有無窮無盡的資源，可以幫助我們顯化夢想。我們的創造力，也如同宇宙一樣，可以無所限制地支持我們達到我們的目標。但是，我們真的能夠善用這個力量嗎？

當我問你：「你希望得到幸福嗎？」相信絕大部分的各位，都會馬上說要！但是，如果再進一步問你：「你所謂的幸福是什麼？」也許你們無法將這個概念說得很明白。實踐「吸引力原則」的重點之一，就是要將你的夢想量化，形象化，細節越清楚越好！請先練習「幸福」這個主題，思考一下，哪一種情境是你的幸福願景？

寫下細節詳盡的「願望清單」

首先，拿出紙筆，寫下你未來想要實現的心願。在寫的時候，除了要寫下你的心情，也要寫下實際的細節。例如：你想要豐盛，那對你而言，月收入多少就會感覺豐盛呢？請寫下這個收入的數字。

在無人打擾的情況下，站在一個空間較為寬敞的地方。想像前方大約一點五公尺的地方，就是你未來夢想成真的地方。然後，慢慢地，朝向那個方向走過去。一邊走，彷彿你已經置身於夢想成真的環境當中。例如你想要得到一個獎項，你就要感受自己彷彿站在台上領獎，群眾為你鼓勵喝采，鎂光燈打在自己身上，你的心跳加速，接過獎盃那一刻，你開始滔滔不絕地致詞感謝……，直到你走到一點五公尺的地方，停在這裡，將自己完全融入剛剛創造出來的畫面當中，保持樂觀，相信自己一定能夠實現這個願境。

再看一次剛剛寫下來的心願清單，添加更多你剛剛一路走來的細節描述。可以將這個紙條謹慎收好，也可以貼在牆上，時常提醒自己。一直到願望實現，你就可以將這個紙條收起來。並且去做一個公益的捐款，無論金額大小，誠心誠意最重要。這讓我們創造了一個善與愛的良性循環，生生不息。

第27章

靈魂X檔案

在我眼裡，死亡只是一道程式更新

家威在朋友圈裡的印象，可不單單只是一位吸引目光的高富帥，一路頂著學霸光環長大，是讓人不容小覷的狠角色，成年後家威也善用自身才能，很快擁有了自己經營的事業，迅速攀升至金字塔頂端的收入族群。

這樣一位顏值、智商、才能和修養兼備的人才，究竟想透過催眠看到什麼主題呢？

「我無法理解人類的感情。」。第一次見面時，他認真地拿出一張清單，上面密密麻麻的剖析出自己的情感狀態，以及在人際關係中格格不入的項目。這樣特別的個案和主題，也勾起了我的好奇，在這趟催眠回溯旅程中，家威能不能找回他情感失落

的原因？

家威的回溯經歷

求學時候，常看到同學為了考試成績而懊惱哭泣，我實在不理解這些題目有這麼難嗎？稍微掃描一下課本內容，腦中不是立馬就會呈現知識分布圖嗎？在這些文字與數字像素的背後，不是很自然地就會出現可以判斷的歸納模組與演繹模型嗎？無論哪一門學科，成績向來不會讓我焦慮，即便現在身為大數據分析師，我也從來不曾出現像其他同事在面對海量數據時的不安。

不知道是職業的關係還是個性使然，最疼我的祖母過世的那天，看著家人哭得傷心欲絕，我眼中看到的，卻只是一段埋設的程式代碼從後端作業中被刪除了，這是為了移除較為過時的程式語法，是一種集體校準的方式，也是優化誤差線（error bar）的標準作業流程之一而已。

實在犯不著為了一道標準的程式更新步驟如此哭天搶地吧，又不是遭到駭客入侵，產生無法復原的巨大傷害。我的內心對家人激動的情緒感到不解。這就是我習慣觀看世界的方式，也是我經常拿來比對我與其他人之間誤差值的方法。

最近，總有一種感覺我似乎陷入了Silo Effect（穀倉效應），在孤立的數據穀倉中，我始終科學的腦袋開始理智地懷疑，也許自己被貼上一個錯誤的取樣標籤，以至於追蹤報告中，我始終是一個極端的數據，陷於自己的「穀倉」中，一個封閉、狹隘、缺乏通道的世界，無法和外界產生連結，可能是個連區塊鏈都無法記錄書寫的世界。只有我，單獨存在那個世界，用總是漠然的眼神記錄著人間有時鬆散、有時不精準的類比資訊。

為了爬梳我自己的cookie記錄，我需要催眠回溯師的支援，我想知道我是不是一個誤植的data，或是一個失敗的計畫。

帶著好奇與探索的心情，首次生澀地將思緒主導權交給催眠回溯師導引，她將開啟我不太常用的直覺功能，一邊期待即將出現在大腦裡的畫面，同時我的內心還是抱持著懷疑態度。

就在這種情緒擺盪中，在我腦中竟出現了一架飛碟降落眼前，裡面走出一位穿著制服的軍官，他不帶情感地在我瞳孔上顯示我的任務資料卡。原來我是自願擔任加密的HDP(Human data Project)考察員，每晚睡覺時匯出地球上的資料傳送回總部，供所屬的組織分析以及修訂參考指標(engagement metric)，好提高兩個星球之間的轉換率。我運用精密的頭腦秒懂人間資訊，並發展出應對人間事務的回應code，力求客觀精準，我沒有主導權也無須有干涉權，因為我，只是個擔任裝置的角色。

清楚這項任務後，我開始提出異議，如果不懂人情世故，怎麼能正確回應地球的事務？擁有參與人類感情的能力才能精準判別資料，進而處理關聯式資料庫裡的取樣，數據分析不該被孤立，數據串聯才能優化數據品質，進而提供高準確的績效評估。這論點獲得了長官認同，要我填寫擴充功能申請表，下載人類的感情這項程式碼，當我下載程式完成後，我從催眠回溯中返回人間。

The power of affection（情感能力）是我以前從未有的感知經驗！我開始感覺到開心的情緒，感覺從來沒有體驗過的惶恐，雖然還不是很了解感情的設定裡具有哪些功能，我已經迫不及待試玩甚至測試這項設定的極限。在每次與他人的接觸時，我也想要狂喜、也想要流淚、也想要跟他們一樣痛快尖叫！一直以來，我都不曾當過朋友的垃圾筒，擔任聽他們訴說心事的角色，但載入新程式之後的我，終於可以真誠地說，你們現在的心情我懂。

接下來，在這趟地球觀察之旅中，我要用一場轟轟烈烈的戀愛，測試情感極限！

ViVi老師的｜催眠觀點｜與「星際觀察員」另類接觸，開始不同視野

當Vivi第一次接觸到家威的時候，印象非常深刻的，是他帶著一張打印整齊，非常完整的問題總集來到工作室。訪談之後，Vivi發現，家威除了極高的智力之外，也有著非凡的直覺能力，但這個直覺能力卻不適用於人際關係的互動。

在這個案例中，我們可以學習到的，是「人類經驗」是一種靈魂的學習方式之一。因此，不只有人類的靈魂才會投生成為人類，別的星球生命也會。來到地球投生之後，

就猶如我們到國外旅行一樣，需要時間來適應新的環境。

仔細看看我們身邊，是否也有這一類與人味濃厚、老練的「社會化」大眾，非常格格不入的特殊朋友呢？他們是否有許多可以學習的地方，而我們卻老是用社會慣用的框架想要規範、甚至束縛他們呢？

在許多 New Age 新世紀百家爭鳴的書籍當中，外星人的研究與課題，已經不再是被封存在官方『X檔案』的秘密，而是可以公開討論研究的主題。但是，當 Vivi 想要發表這份個案記錄的時候，心中的初衷，是希望可以藉此打開讀者們的視野，接納更多元的靈魂本質投生者，與我們共存在這個星球上的現況。許多人眼中的天才，也許就是因為天生自帶外星靈魂本質，成為某些領域的佼佼者。

接納別人的不同，才能看到別人也有一顆溫暖的心。視野打開，就能瞭解每個人都用他自己的方式來展現自己，也用自己的方式愛這個世界。我們突破了自己的心靈框架，就能聽到大宇宙的各種類型的生命之歌，在不同的靈魂本質中，在不同的生命形態中，綻放著他們自己的姿態，經歷生老病死，走過成住壞空。

課題：探索誕生於此的意義

我們的靈魂是個永恆的存在。轉世的制度，是讓我們體會不同的角色與劇情，藉以學習體會到許許多多不同的經驗。而這些經驗，會記錄在靈魂的意識當中，也可以陪著我們轉世。許多我們很輕易就學會的才能，甚至不學就會的天賦，其實都是轉世經驗中已經學會的才能。

有些靈魂習慣在六道輪迴中來回體驗，但是，有些靈魂其實來自於更遙遠的地方。他們的意識，感官與心智頭腦的運作方式，都跟地球上的老靈魂不相同。他們也許會在擁擠的人群中仍然覺得孤獨，時常覺得不屬於這裡。不斷地尋尋覓覓的找一個歸屬感，也就是「家」的感覺。回到你的靈魂本源之地，除了可以為自己的靈魂充電之外，更可以揭開自己與這個世界的互動目的。

無論你是地球上的老靈魂或是新靈魂，藉由以下的冥想引導，可以回到熟悉的地方，並且了解你誕生於此的意義。

回到靈魂本源之地的冥想

首先，請在一個安靜的環境下，放鬆地坐著或是躺著。你可以蓋上小棉被以防著涼，也可以為自己點上一個小蠟燭，薰香或放上一首輕柔的音樂，來陪伴自己的冥想過程。室內的燈光請勿太亮，必要的時候，可以跟家人或同住者先知會一下，以防他們在過程中打擾自己。手機請記得關靜音，如果怕自己忘記這個引導過程的步驟，可以先錄下這些引導詞，或上網收聽 Vivi 為大家錄製的語音引導。冥想前請勿吃太飽或是太累，這樣可以避免太放鬆而睡著。如果在過程中被打斷，或是不小心睡著，請勿掛心。再找一個安靜的時間，重新聆聽一次冥想引導即可。冥想能力是一種可以鍛鍊的能力，像是我們可以鍛鍊肌肉一樣，若讀者在聆聽冥想引導的時候，無法開展超感官能力連結內在的心靈世界，只要多練習即可。

躺好或坐好之後，請先放輕鬆調息，做三個深深的大呼吸。吸氣的時候，想像溫暖光明的能量經由吸氣進入自己的身體。吐氣的時候，請想像自己身上的疲累、擔憂、沮喪失落等等能量都驚被吐氣帶走。在三個大呼吸之後，我們將注意力放到我們的頭頂。

接下來，想像有一股清涼潔淨的藍色水流，由我們的頭頂緩緩地流動下來，這道水流流經過我們的頭頂、臉、頸部肩膀、流經軀幹及雙手，再流過大腿、膝蓋、小腿及腳踝，最後經由我們的腳趾頭流出去。水流經過的時候，我們感到每一吋皮膚，甚至每個細胞都因此而放輕鬆了。我們很舒適地待在此時此刻，不想再有任何移動。並且保持放鬆的深呼吸。

接下來，我們看見前方有個黑色的隧道，隧道的盡頭有光。我從三倒數到一，你會進入這個隧道。請放心，你很安全。你只是在看一個很真實的4D模擬。三、二、一！你現在走入隧道之中了嗎？

好的～現在請朝著光亮的地方前進，當你走出隧道之後，看到什麼風景？你在那裡？你熟悉這裡嗎？先仔細地記下周遭的環境，然後，你會注意到前方地上有一個美麗的大圓圈，這個大圓圈可能是用花瓣與鮮花圍起來，也有可能是用美麗多色的礦石、水晶圍起來。也可能兩者皆有。你調整好呼吸，莊嚴地走入這個圓圈之中，接下來，你可以躺或坐在圓圈中，問出這些問題：

『什麼是我來到地球誕生為人的使命？』

『我天生帶來的天賦是什麼？我現在善用我的天賦嗎？一到十分，我給自己打幾分？』

『目前的生活中，我最想要增加的特質是ＯＯ，請為我增加這些特質，讓我再更加適應地球上的生活』

然後，感覺一股強大溫暖的力量包裹自己的全身，這是宇宙大能為你帶來你所要求的特質。請保持平穩的呼吸，直到你感覺這個力量消失了為止。

當你做完了這個步驟之後，從你的內心深處感謝宇宙的恩典。接著我從十倒數到一，你會完完全全地回到此時此刻此地。

十、九、八、七、六……、三、二、一！現在，請慢慢張開眼睛，動一動你的四肢身體，你已經完完全全回來了！

第28章

命定論抑或是定命論？

面對壞世界的運作

這是Vivi自己的人生經歷，也是因為這一段精彩的人生經歷，自此開啟了學習催眠回溯，並成為催眠回溯引導師的重要原因。想知道我與催眠回溯的淵源？請讓我為您娓娓道來一個神奇的故事……。

瑪特的回溯經歷

修建胡夫金字塔共花了三十年的時間，由二百三十萬塊巨石組成，平均每塊重約二點五噸，每年動用專業技術人員約十萬多人……。在我以前看來，這些考證數字只是沒有意義的資料，對埃及的認識僅止於課本上的介紹，從不覺得這遙遠的神秘國度與自己有何關聯，直到我經歷了催眠回溯的旅程……。

我來到地球的第一世降生於埃及。身為皇室後裔，以女祭司為目標從小被送進神殿修行，日後大祭司向皇室求親，我也就聽從安排成婚。我不喜愛權力鬥爭也不願涉入其中，神殿中的日子對我來說相當平靜。

今晚夜色沁涼如水，推開機要石室的大門意外聽見丈夫與訪客竊竊私語，來訪者是法老王家族的人，我依稀聽見談話內容。歷時三十年建造的大金字塔橫跨了兩任法老王統治時期，首座角錐體金字塔克服種種困難即將完工。為了法老王的永世安寧，建造的秘密必須被永久封存，這意味著，參與密室建造的建築師與建築工人不能留下任何活口。為此，皇室家族的長老決定將這重責大任交給丈夫執行，要他假借神諭，將大家引導到金字塔內，一一溺斃於早已預先設下的秘密深井中。

大祭司不該假藉神諭為了皇族的野心而說謊！從古至今，祭司的職責是觀測和記錄天文學，因為天狼星在夏季黎明升起前，尼羅河就開始氾濫，天狼星是掌管聖河尼羅河的神祇，我們建造神殿祭祀天狼星，假藉天狼星神諭是會遭天譴的，埃及神話早已為此註下了詛咒，別人不知道、大祭司怎會不知道？

我眼睜睜看著這些全然相信大祭司的建築工人們，疲憊的瘦弱身形，經年沈浸在塵土飛沙的環境中，破舊的衣服與粗乾的皮膚，早已將沙漠塵土刻畫在他們生命當中，他們卑微的就像一粒粗礪乾荒的沙塵。昏暗的金字塔中，唯一有光彩的，是他們閃閃發光的眼眸~因為，他們最信任的，最有權威的大祭司，告訴他們，只要過了前面的通道，就可以步向永生的世界！他們依序走向精心設計的陷阱，沒有任何哭喊或遲疑，一個一個生命消逝在我的眼前，我承受不住這分分秒秒，看著一顆又一顆星星殞落的煎熬，走出了金字塔，走入我不熟悉的沙漠中……。

今晚尼羅河西畔的星空異常炫美，紫藍色的天際像似呢絨布幔鑲著魔法般的星辰，映著即將完工的金字塔石面波光，微星一閃一閃像是對家族王朝的庇護，這一年是天狼星處於最高的位置，而新建的大金字塔的南部通道正好指向今年天狼星運行端點，這當然也是有原因的，更是皇室家族興旺的秘密之一，若這樣屠殺無辜，天狼星還會這樣燦爛耀眼嗎？

就算大家都忘了，身為大祭司的你怎麼能忘，怎麼能不警惕神話的預言，讓王朝的私心淩駕了智慧再次上演悲劇的戲碼。我的眼淚不由自主地邊走邊流，傷心怨懟好一陣子，回過神才驚覺自己已東西不分，無法走出黃沙無盡綿延的世界。我從黑夜走到白日，仍然走不出無邊無際的沙漠，最後，體力透支、在正午的炙熱中閉上了眼，與腹中的孩子一起沉入了永夜的黑暗。

我跟著催眠回溯師的指示，漸漸遠離了古埃及的天狼星，同時也喚醒前世鮮明的記憶，我帶著鮮明的記憶回到了日常生活的此時此地。命運的大網貫穿了時空限制，我瞬間看懂了這經緯交織的因果網絡，是如何影響我的人生。

擔任志工的修行場所，負責傳達神諭的師姐，斷定我腹中胎兒將帶著顏面嚴重的缺陷出生，雖然半信半疑，但在她不斷勸說下，我還是與醫師約定了這次手術。明早，就是我將前往婦產科與腹中孩子道別的日子，心中仍隱約覺得不安的我無法成眠。

陪我前往婦產科的路上，剛從國外出差回來的丈夫面色凝重地說，「就算孩子可能有什麼狀況，我們也沒有抹煞他生而為人的權利。」這些話不斷地敲擊我的矛盾，是該全然地聽信「神諭」？還是聽從內心的聲音，尊重腹中的生命？

忐忑不安地走進手術室，忘不了剛剛在超音波螢幕中看到蝌蚪般的小身影，已經生出了小小手快樂的揮舞著。我實在無法抹煞這個可愛的小生命！還記得當我下定決心要取消手術的時候，負責轉達的護士完全不顧準備好的醫療器材被浪費，一臉雀躍地馬上告訴醫生的神情，這舉動鼓勵了我的決心。孩子一天一天在腹中長大，3D超音波攝影讓我見到他可愛的臉，心中憂慮的大石終於放下。

我不怪那位師姐，無論那時她是處於什麼狀態下而傳遞「神諭」，現在我很清楚只有自己才是自己命運的主人。而那張命運所交織的大網，此刻仍然與我深刻的連結。只是現在我已經擁有了更多內心的力量，對上天不亢不卑地呈現我的自由意志。當我午夜夢迴，重新回到了天狼星閃爍的沙漠當中，在生與死的交界，時空交錯的經緯線當中，我用了一秒鐘的時空裂縫，對閃耀的天狼星眨眨眼睛，一切的默契，盡在不言中……。

ViVi老師的催眠觀點——人身最可貴的，是擁有「自由意志」

神諭、占卜，命理等等的靈性工具，從古到今，從東方到西方，都廣泛地被世人追逐研究。而無論這些系統是奠基於哪些基礎學問，例如西方的卡巴拉，東方的易經來推衍而至分流壯大，我們可以很客觀的來說，這些靈性工具都有相當高的準確度。也陪伴著人們走過數千年的悠悠歲月，任憑物轉星移，古今變異，人們還是依然從這些靈性工具中，一窺自己生命的奧秘。牢牢握緊那一紙命理書，就算命理的詮釋，只是自己生命拼圖的一小塊，人們還是因此，拿到了瞭解「自身是誰」的入場券。

但是，當人心因為自身的親疏好惡，或是名聞利養的誘惑，還有自己成長經驗中未被療癒的部分而產生「偏執」的時候，這些工具，就會悄悄地滲入「神諭解讀者」或是「占卜／命理老師」個人的主觀。而命理工具解讀者，在為他人解讀命運時，就會與日月星辰的軸線偏移，與宇宙大道的智慧產生代溝……，但是，個案也許不知道這個複雜的過程，只是純然的相信神諭傳達者所翻譯的，是百分之一百正確地來自於更高的「超時空電話」的交代！

文章中的瑪特，在埃及的那一世，她對於皇權與信仰產生矛盾，加上很年輕時就因為意外而亡，她對於「神諭」的客觀與權威產生了未被解答的疑惑。當她再度在今生，受到信任的信仰系統所傳達的神諭影響，產生了巨大的壓力與矛盾時，前世未完成的考驗，也一併施壓在她的肩頭。她究竟要當一個「信仰」的乖乖牌，還是從此走向相信自己內心力量的道路呢？

Vivi 很高興瑪特選擇了她自己想要完成的心願，就是無論孩子殘缺與否，都留下這個小生命。因爲，瑪特就是 Vivi，孩子是 Vivi 自己的第三位小寶貝，今年滿十二歲了！在我與他朝夕相處的這十二年歲月，他點亮了我心中安歇的角落，也帶給我巨大的動力，讓身為母親的我，生命更加完整而堅韌。

死前的最後一念，會強烈影響靈魂的下一段旅程。如果他們是帶著強烈的美好與希望而死，相信他們的來世會更加的榮耀與美好，我用祝福，釋放了對埃及建築工人的欠疚。人類的慾望與私心，也許還要許多歲月，才能夠全體進展到另外一個層次。但是，在我們感慨人間不公不義的時候，請允許自己放手臣服。大道的慈悲與智慧，早已在我們人生的迷宮中，偷偷放了一張地圖。而這張地圖，會在生命最困頓無助的時候，悄然出現……？

Vivi 祝福大家，發展出自己內心的力量！具足勇氣，依心而行。

課題：在夢中保持清醒連結直覺

清醒夢，又名清明夢，「清醒夢」是指我們在睡眠狀態的夢中保持清醒卻不是醒來，也就是我們在夢中仍然保有清醒時的思考跟記憶能力。練習清醒夢的益處，除了可以增強記憶力，創造力，還有從夢境中覺察的力量。

若以人生來比喻，我們可以說人間是個大劇場，我們的集體意識一起做了個集體認同的大幻夢。若我們從夢境中鍛鍊了覺察的力量，就可依此力量觀照我們自己的人生及命運，在幻境中不隨境轉，而是將此幻境經營得更有創意，克服恐懼，連結直覺，甚至有可能預知未來，並且去到任何我們想要去的地方。

清醒夢的心靈技巧並非近代才被發現。早在八世紀開始，藏傳佛教就開始練習一種在睡夢中保持清醒的瑜伽，稱為「睡夢瑜伽」，也稱為「明光瑜伽」。生命都只是一場夢，理解夢境即是完全的意識覺知。

睡夢瑜伽修煉者若在夢中達到真正、絕對的意識覺醒時，這個夢境就可以融合到一個更大無我的幸福極樂狀態。當然，睡夢瑜伽有其嚴謹的修煉方式，想要修煉者，最好經過正式傳承者的教導，在此，我們僅分享一些簡易可行的方法。雖說簡易可行，Vivi 也經由這些練習，遊歷過許多人間奇景，也得到一些體悟。

「初階清醒夢」的練習

1. 準備紙筆或可以記錄夢境的電子產品，放在起床後隨手可拿的地方。
2. 準備睡覺之前，不要讓自己太累或太有精神。
3. 睡覺前對自我宣示：「今天入睡時，我會記得我夢境中的細節。」可以對自己宣告幾次。

一開始我們也許根本不記得夢境，或者只能記得片段。無論如何，都可以養成紀錄夢境的習慣，就算只有一點記憶也無妨。養成這個習慣之後，就有能力記得越來越多夢境的細節。接下來，就是培養自己在夢境中清醒的能力。

我們如何在夢中清醒？有一個小秘訣可以參考，就是找出與現實世界不相符合的事情。例如，夢中的我正在開車，突然間我看見車子方向盤是右駕，而現實世界中，我們的方向盤是左駕，當下我就了悟到自己正在做夢。我就開始把穩方向盤，開著我的車開始飛翔。之後，我就遊歷了許多地方，醒來後，我發現自己充滿愉悅及活力，並且更熱愛這個世界。

最後，想要提醒大家的就是，不要過於頻繁的練習，以免影響睡眠品質。還要保持耐性，像是運動一樣，我們要練成理想中的身材與肌肉力量，需要持續的練習。這個清醒夢的技巧也一樣。

結語

看完了這些前世回溯故事的分享，各位讀者對於生命歷程中的「因」與「果」有更多角度的看法嗎？因果相續不休，如同黑夜與白天，不斷地交替上演，我們每日的生活，牽動著無數的思想語言行為，在創造新的「因」的同時，也承受以前留下來的「果」。

而這些因與果的纏繞線，真的能夠絲絲縷縷的分清楚所有的細節嗎？其實，六道輪迴是一場意識的幻夢，我常常用4D的虛擬實境來比喻這個感覺，當我們戴上4D虛擬實境的眼鏡時，我們見到的場景是如此逼真，逼真到幾乎佔據了我們的所有的注意力。而當我們的心靈越來越有力量，我們就越有能力從這個人生幻夢當中「醒過來」！這個「醒過來」所強調的，簡而言之，是跳脫目前的身處於世間劇情的能力！

身在夢中，卻又知道自己身在夢中，如此一來，我們對於這個人生夢境當中的苦與樂，就不會過度執著，也不會過度沈迷。當我們不被這個夢境迷惑，就可以開始創造。創造什麼？各位小時候都玩過吹泡泡嗎？一個一個晶亮剔透，甚至帶著彩虹光的大小泡泡，漂浮在空中的時候，就像是我們的意識所創造出來的人生劇本，看似美麗，卻可以在一瞬間消失。就算曾經吹出很大很特別的泡泡，在消失之後，我們會不會有點感傷有點遺憾？但是消失的泡泡可能會回來嗎？

如果我們只是單純地享受創造泡泡的過程，不再牽絆著曾經創造出來的泡泡，也不再緊緊地守護，不讓它們消失，我們心靈的喜悅程度會提升，這種真誠的喜悅，也可以感染身邊的人。雖然，每個人對於「喜悅」與「幸福」的定義都不相同，但是有一點是共通的，就是通達「幸福」的道路，只能由自己認可，而且，是經由我們的「心」所體悟。

心靈的感受，銘記在我們的靈魂層次，陪著我們的轉世。而我們歷經一次次的轉世輪迴，所追尋的是靈魂在各種情境當中的最大體會，我們的靈性，經由這些經驗轉化淬煉成為更圓滿、更自在自由的存在。我們每一個轉世當中遇見的「別人」，都是來幫助我們完成靈魂的進展，當然，我們對他們的意義也一樣。當我們的內心開始卸下僵固的執著，放下防衛的面具，真我的光彩，也一點一滴地展現於外。這時候，外在的情境會變化，甚至出生前寫好的生命藍圖也會變化。

前世有緣人，今生再度相遇，聽起來多麼的美好。但是追根究底，我們累世所追尋的，都是透過深刻感受生命長河中的每一段經驗，最終圓滿了自性的光彩。舉例來說，若有人追尋生死相隨的愛情，他所愛的，除了深厚緣分的伴侶，其實他也深愛著為了愛奮不顧身，將人間劇場中深情角色發揮到光彩奪目、淋漓盡致的自己！這位「為愛奮不顧身」的自己，需要一個劇情（人生命運）、舞台（我們現在的外在環境）還有對方的配合，才能激發出如此精彩的表現！我們也藉此，探索了自己心靈世界的長寬高，認識自己更多層次的樣貌。

因此，穿梭於時空的長途旅行，在每一個轉世中，我們一次次的，與每一個面向的自己相遇。我們熱烈地扮演好自己的角色，卻也明白這些場景都是一場戲。尊重先天帶來的命運藍圖，卻也可以用創意改變先天設定。祝福各位讀者，閱讀過本書之後，能夠輕鬆自在，眼光穿越人生舞台的框架，運用心靈的力量轉化自己的命運。

如果在聆聽這些冥想引導，或是練習心靈轉化技巧的過程中有疑問，歡迎 e-mail 給我：vivichangvivi168@gmail.com. 更歡迎參訪我的網頁：heartofmandala. Com，這裡有整個『靜天化地人本空間』的經營宗旨，課程、服務與產品的介紹。

第二部

特別感謝

感謝恩師羅淑薰老師，她師承於台灣催眠鼻祖徐鼎銘大師，再學習了林顯宗老師的唯識深層寬恕溝通技巧，結合自己深厚的學養，將催眠回溯的心法重新整合再教導給我。

淑薰老師理論與實際並重的教導，帶領我進入了催眠回溯的廣大意識之海中，從此悠遊於此，看盡大千世界的多彩多姿。

何其幸運，可以跟一位直爽、寬容，以身作則的老師，學習這套助己助人的技巧。

最後，非常感謝 Ricco、貝大小姐還有連書寬的共同參與！因為你們，讓此書的內容及編排更加活潑生動！

催眠自癒力
改變今生的秘密
自修 23 堂心靈練習課

作　　者　張嘉珉
編輯協力　呂依緻
內文設計　楊雅屏

總 經 理　李亦榛
特　　助　鄭澤琪
主　　編　張艾湘
主編暨視覺構成　古鴻杰

出　　版　風和文創事業有限公司
地　　址　台北市大安區光復南路 692 巷 24 號 1 樓
電　　話　886-2-27550888
傳　　真　886-2-27007373
網　　址　www.sweethometw.com.tw
EMAIL　sh240@sweethometw.com

台灣版 SH 美化家庭出版授權方
IESG
凌速姊妹 (集團) 有限公司
In Express-Sisters Group Limited
地　　址　香港九龍荔枝角長沙灣道 883 號
　　　　　億利工業中心３樓１２－１５室
董事總經理　梁中本
EMAIL　cp.leung@iesg.com.hk
網　　址　www.iesg.com.hk

總 經 銷　聯合發行股份有限公司
地　　址　新北市新店區寶橋路 235 巷 6 弄 6 號 2 樓
電　　話　886-2-29178022
傳　　真　886-2-29156275

製版印刷　勁詠印刷股份有限公司
裝　　訂　祥譽裝訂有限公司
定　　價　新台幣 450 元
出版日期　2021 年 3 月初版一刷

國家圖書館出版品預行編目 (CIP) 資料

催眠自癒力 : 改變今生的秘密 自修 23 堂心靈練習課 / 張嘉珉著 . -- 初版 . -- 臺北市 : 風和文創事業有限公司 , 2021.03

面；　公分

ISBN 978-986-93013-8-1(平裝)

1. 個人成長 2. 自我療癒 3. 催眠術 4. 催眠療法

175.8　　109021257